Pensamientos sobre
Guerra Espiritual
de C.H. Spurgeon

PENSAMIENTOS SOBRE
GUERRA ESPIRITUAL DE C.H. SPURGEON

C. H. Spurgeon
Traducido y editado por Eliud A. Montoya

PALABRA PURA
palabra-pura.com

2024

Pensamientos sobre Guerra Espiritual de C.H. Spurgeon

Copyright © 2024 por Eliud A. Montoya

ISBN: 978-1-951372-48-4
Paperback/pasta blanda

Las citas bíblicas de esta publicación han sido tomadas de la Reina Valera 1960 ™. © Sociedades Bíblicas en América Latina, 1960. Derechos renovados 1988, Sociedades Bíblicas Unidas. Utilizado con permiso.

A reserva de algunas citas breves en libros, artículos y críticas literarias (mencionando la fuente), ninguna parte de este libro puede ser reproducida en ninguna forma por medios mecánicos o electrónicos, incluyendo almacenaje de información y sistemas de reproducción sin permiso previo por escrito del editor.

Apreciamos mucho HONRAR los derechos de autor de este documento y no retransmitir o hacer copias de este en ninguna forma (excepto para el uso estrictamente personal). Gracias por su respetuosa cooperación.

Diseño del libro: Editorial Palabra Pura
www.palabra-pura.com

RELIGIÓN/ Vida Cristiana/ Guerra Espiritual

Impreso en los Estados Unidos de América
Printed in the United States of America

TABLA DE CONTENIDO

Prefacio..viii

Capítulo 1. Razón por la que muchos no encuentran paz.........1

Capítulo 2. La herencia de los santos y su consigna 21

Capítulo 3. Los recursos celestiales....................................36

Capítulo 4. Dulce paz para los creyentes probados................56

Capítulo 5. El Cristo triunfante..74

Capítulo 6. Libertad a través de los tiempos.......................91

Capítulo 7. El secreto del poder de la oración....................106

PREFACIO

El concepto general respecto a la guerra espiritual en el cristianismo se basa en la existencia del bien y del mal; de la justicia y de la injusticia, de la moralidad y de la inmoralidad. Que existe un solo Dios, Creador inmanente de todas las cosas, y un opositor general, el cual orquesta el mal en el mundo: satanás.

En nuestros días, un sector del cristianismo (del cristianismo nominal) minimiza, e incluso, despersonifica el mal, es decir, no cree en la existencia de satanás ni del reino de las tinieblas. No obstante, las Escrituras hablan mucho —mayormente en el Nuevo Testamento— respecto a la existencia de ese ser malévolo (y de su séquito de demonios), los cuales se oponen a Dios, y a todo lo que trae gloria a su Nombre. Ellos pelean en contra, no solo de Dios, sino de Sus hijos, y de la Iglesia de Jesucristo.

El concepto anterior está muy claro en las Escrituras. La existencia de una guerra espiritual es evidente en el ministerio de Jesús y de la iglesia primitiva; también los escritos de los apóstoles lo confirman. Las fuerzas del mal luchan teniendo un objetivo en mente: que los seres humanos no sean salvos, y que el conocimiento del Dios vivo no prevalezca en la tierra. Para ello, el diablo tienta, engaña, y mueve sus agentes para dañar y confundir a los que promueven el reino de Dios y el conocimiento de Jesucristo en la tierra. También trabaja con los gobernantes, y con todas las personas puestas en autoridad en la tierra para crear un marco de perversión y un terreno de mentira y ocultamiento de la verdad.

A fin de vencer en esta lucha, Dios ha dotado a su Iglesia de armas espirituales. En Efesios 6:10-18 el apóstol Pablo habla de una armadura de Dios, la cual incluye: la verdad, la justicia, el evangelio, la fe, la salvación y la espada del Espíritu (las Escrituras). El pasaje habla especialmente de la oración y de la autoridad que tenemos en Cristo Jesús. Muchos otros pasajes bíblicos hablan también de la dirección del Espíritu y de la total victoria que está garantizada para sus siervos. Todo esto ha sido posible mediante la muerte de Cristo en la cruz y su resurrección gloriosa. Y hoy, es una victoria que se cristaliza, y se hace visible y patente, mediante la intervención poderosa del Espíritu Santo, y de los recursos de Dios para los fieles hijos de Dios.

La iglesia combate las falsas enseñanzas del diablo, y lucha para que el pecado no domine en los corazones y las mentes. La Iglesia se une como cuerpo de Cristo y lucha para vencer las fuerzas de las tinieblas.

La guerra espiritual siempre ha existido, y aunque el denominativo de *Guerra Espiritual* podría parecer relativamente nuevo, C.H. Spurgeon lo aborda con gran maestría. ¿Qué nos dice uno de los mayores exponentes del cristianismo respecto a la guerra espiritual? Para ello, tenemos que hacer un análisis minucioso de sus palabras, del legado que él ha dejado para los cristianos de todas las edades.

Spurgeon es guiado por el Espíritu Santo para darnos luz respecto a este tema tan esencial, tan trascendente y tan real en la vida de todos los cristianos en la tierra, de todos los que legítimamente desean agradar al Señor Dios todopoderoso, y servirle con todo el corazón.

Eliud A. Montoya

CAPÍTULO 1
Razón por la que muchos no encuentran paz

«Someteos, pues, a Dios; resistid al diablo, y huirá de vosotros. Acercados a Dios, y él se acercará a vosotros. Pecadores, limpiad las manos; y vosotros los de doble ánimo, purificad vuestros corazones. Afligíos, y lamentad, y llorad. Vuestra risa se convierta en lloro, y vuestro gozo en tristeza. Humillaos delante del Señor, y él os exaltará» (Santiago 4:7-10).

Con frecuencia conocemos personas que nos dicen que no pueden encontrar paz con Dios. A ellos se les invita a creer en el Señor Jesús; sin embargo, habiendo malentendido el mandamiento, y pensando que lo obedecen, son realmente incrédulos. ¿Por qué? Porque se han extraviado del camino de paz. Estos intentan orar, pero sus peticiones no tienen respuesta, y sus súplicas no les traen ningún consuelo, pues ni su fe ni sus oraciones son aceptables al Señor.

Tales personas son descritas por en Santiago 4:3 «Pedís, y no recibís, porque pedís mal, para gastar en vuestros deleites». Nos produce gran compasión aquellos que buscan estas miserias, y los exhortamos una y otra vez diciéndoles: «Solo cree y vivirás», pero estos parecen no avanzar fuera de su condición lamentable. Ellos nos aseguran que creen en Jesús, pero no vemos en ellos los frutos de esta fe, ni ellos mismos pueden decir que obtienen algún beneficio espiritual de la fe que profesan. En estos casos, me temo que estamos consolando cuando no deberíamos; estamos aplicando un vendaje suave cuando lo que se necesita es un cuchillo bien afilado. Por ello, primero que todo, trataremos de mostrar por qué estas almas se encuentran inquietas (a fin de llevarlas al Espíritu Santo). Y aunque nuestras palabras puedan parecer agresivas, serán pronunciadas con amor fiel, rogando que el Señor nuestro las haga eficaces para poner fin a la lucha interna y establecer una paz estable.

Me temo que muchos que profesan ser cristianos están más bien en un temible predicamento: no poseen el gozo de su fe y no tienen éxito en sus oraciones. ¿Realmente lo son? El práctico Santiago en este respecto no discute si está hablando a cristianos verdaderos o no. En su capítulo anterior les llama «mis hermanos», y no establece una línea de demarcación cuando después les llama «pecadores» cuyas manos deben limpiarse, y personas de «doble ánimo» cuyos corazones deben purificarse. Son ambas cosas: profesan ser hermanos, pero en sus corazones son infieles a Cristo; son indulgentes consigo mismos, y se han entregado a graves pecados de contención y malicia; sus corazones están divididos entre el amor al pecado y la esperanza de salvación. Sin embargo, aquí no abordaremos este punto (de si son creyentes o no), ni de hasta qué punto tienen certeza de salvación. Si estas personas se dicen *hermanos* nos dirigiremos a ellas como si lo fueran considerando la frase que el mismo Santiago usa: «Hermanos míos, esto no debe ser así». Por otro lado, no utilizaremos un título que implique condenación sino dejaremos la cuestión entre Dios y la propia conciencia del individuo. Iremos entonces a la raíz del problema, y estableceremos la razón de la falta de paz y salvación de los que algunos adolecen. Y entonces, que el Espíritu Santo nos ayude a señalar el fracaso fatal que impide el descanso del alma. Si algún hombre no está seguro de que está en Cristo, no debería estar tranquilo ni un minuto hasta que esté en Él. Querido amigo, si no tienes una confianza completa en cuanto a tu propia salvación, no tienes derecho a estar tranquilo, y oro para que nunca lo estés. Este es un asunto demasiado importante como para postergarse. Si un hombre es prudente debe redoblar su seguridad y atar todas las cosas con toda firmeza y cerciorarse de que permanezcan así por la eternidad. Y digo por la eternidad, porque el Señor lo dijo así, que vuestra alma es algo tan valioso que por nada se debía arriesgar, pues nada puede compensar su pérdida: si perdéis vuestra alma esto no será compensado ni habiendo ganado el mundo entero. Por tanto, ten cuidado, no dejes ningún tornillo sin refuerzo, y mide tus pasos, sopésalos bien; considera, examina, no sea que, habiendo estado tan cerca del reino *alguno de vosotros parezca no haberlo alcanzado* (Hebreos 4:1).

El texto de Santiago nos ayuda a lograr una paz estable. En primer lugar, nos insta a obedecer el mandato que resume lo que sigue: «Someteos, pues, a Dios», y luego, en segundo lugar, los otros preceptos que refuerzan tal sometimiento: resistid al diablo, acercaos a Dios, limpiad las manos, purificar vuestros corazones, afligíos, lamentad y llorar, y humillarse ante los ojos del Señor.

SOMETEOS A DIOS

El contexto es que las personas a las que se dirige Santiago no se han sometido a Dios: tienen lujuria, envidia, contienda, celos, iras; por tanto, todas estas cosas señalan que no tienen un corazón sumiso a Dios, sino más bien, uno violentamente obstinado y rebelde. Estos son aún iracundos, orgullosos, contenciosos y egoístas; evidentemente no están subyugados al Señor. Hay algunos hombres a quienes, la sola idea de sumisión, les desagrada, no están sujetos a nadie, son dioses para ellos mismos, y la sola palabra *someterse* les es mortificante *per se*. Estos dicen en sus corazones: «¿Quién es el Señor para que deba obedecer a su voz?» Están lo suficientemente dispuestos a aceptar sus favores, lo suficientemente dispuestos a decir a su manera «gracias, Dios», pero en cuanto a este asunto de la sumisión, definitivamente no lo aceptan. Más bien, pugnan por dominar, se apresuran a ocupar el lugar principal y hacen del *yo* el ser supremo dentro de ellos. Es entonces que aquí el Apóstol dice que muchos que profesan ser cristianos necesitan someterse, ya que estando así, en su estado de soberbia, sus peticiones jamás serán eficaces delante del Señor.

La falta de sumisión no es algo nuevo o raro en la humanidad; desde la caída esta ha sido la raíz de todo pecado. Cuando el corazón se somete a Dios con sinceridad, la obra de gracia comienza, y cuando se somete perfectamente, la obra estará completa; pero para que esto suceda, la gracia divina deberá exhibir su poder pues el corazón [humano] es obstinado y rebelde. Desde el momento en que nuestra madre Eva extendió su mano para arrancar el fruto prohibido, y que su esposo se unió con ella para oponerse a la voluntad divina, los hijos de los hombres han sido universalmente culpables de no permanecer en conformidad con la voluntad de Dios. Ellos eligen su propio camino, y no someten sus voluntades al Creador; tienen sus propios pensamientos, y no someten su entendimiento; aman las cosas terrenas y no someten sus pasiones. El hombre quiere ser ley para sí mismo, su propio dueño. Esto es abominable, ya que no fuimos nosotros los que nos creamos a nosotros mismos; pues dice: «Él nos hizo y no nosotros a nosotros mismos». El Señor debe tener supremacía sobre nosotros, pues nuestra existencia depende de su voluntad. He oído hablar mucho de los derechos del hombre, pero sería bueno considerar también los derechos de Dios, que son los derechos primordiales; los más altos; los más seguros, los más solemnes del universo; estos son la base de todos los demás derechos. El Señor tiene derecho absoluto sobre todos los seres que ha formado, y es vergonzoso que la mayoría de los seres humanos no parezca recordar siquiera que Él existe, mucho menos preguntarse qué se le debe. ¡Ay, gran Dios, cuán extraño eres al mundo que tú mismo has creado! Tus criaturas, que no podrían ver que tú no les hubieras dado ojos, miran a todas partes excepto a ti. Tus criaturas, que no podrían pensar si tú no les hubieses dado mentes, piensan en todo excepto en ti; y los seres que no podrían vivir si tú no mantuvieses su existencia, te olvidan por completo, o si recuerdan que existes, y ven tu poder, ¡son lo suficientemente temerarios como para convertirse en tus enemigos! La planta venenosa del pecado crece en los surcos de la oposición a Dios. Así, cuando al Señor le place volver los corazones de estos opositores a la obediencia a la verdad, esto es una señal evidente de salvación, es de hecho la aurora de la salvación misma. Someterse a Dios es encontrar descanso.

El gobierno de Dios es tan benéfico que debe ser obedecido de inmediato. Él nunca nos ordena hacer algo que al final será perjudicial para nosotros; ni nos prohíbe nada que realmente nos beneficie. Nuestro Dios es tan bondadoso, tan sabio, tan lleno de amorosa previsión, que siempre debe ser nuestro mayor interés seguir su ejemplo. Incluso, si pudiéramos elegir nuestro propio camino, y no estuviéramos bajo las ataduras el deber, siempre será sabio y prudente elegir el camino del Señor, porque este es el camino del placer y de la seguridad. Amados, el Señor es demasiado grande como para tener necesidad de tratar injustamente o sin bondad a sus criaturas; Él es tan grande, que no puede desear tomar ventaja personal alguna de su gobierno, pero se digna a gobernarnos porque sin su gobierno y dirección, nos autodestruiríamos completamente. Es por nuestro bien —que como un padre a sus hijos— nos mande esto o nos prohíba aquello. Por tanto, es una crueldad desenfrenada hacia nosotros mismos que desdeñemos la libertad que solo se encuentra en Jesús para someternos a la tiranía del egoísmo, y de las bajas pasiones de la mente. Es una locura abandonar el honorable servicio al gran Rey para convertirse en esclavo de satanás. ¡Oh, que los hombres se sometieran a Dios y estuvieran dispuestos a ser bendecidos por Él!

Toda resistencia contra Dios debe —obligatoriamente— ser inútil. El sentido común enseña que la rebelión contra la Omnipotencia es tanto locura como blasfemia. Es lógico que el propósito del Señor siempre se mantendrá, y se cumplirá lo que Él quiere; por tanto, Él aplastará toda oposición, ¡es inútil levantar tal oposición! ¡¿Por qué un hombre debería lucha en contra de su Hacedor?! Tanto la sabiduría como la justicia exigen que se someta a Dios.

Por cierto, sabido es que la sumisión a Dios es absolutamente necesaria para la salvación. Un hombre no es salvo hasta que seinclina ante la suprema majestad de Dios. Puede ser que diga: «Creo en Jesús», pero si continúa siguiendo sus propios deseos y gratificando a sus propias pasiones, es un mero farsante, un lobo disfrazado de oveja. La fe muerta no salvará a nadie; esta ni siquiera es mejor que la fe de los demonios, puesto estos «creen y tiemblan», pero estos hombres creen en una manera que los hace descarados en su iniquidad. No, la salvación significa ser salvo del dominio del *yo* y del pecado. la salvación significa hacerse a la semejanza de Dios, ser ayudado por la gracia divina para alcanzar esa semejanza, y vivir según la mente y la voluntad del Altísimo. La sumisión a Dios equivale a la salvación que predicamos, no es solo la liberación de las llamas eternas sino la liberación de la rebelión presente, la liberación del pecado, el cual es el combustible de esas llamas inextinguibles. Las leyes eternas del universo exigen que Dios debe ser primero, y el hombre debe inclinarse ante Él, y nada estará en su sitio hasta que esto suceda. Someterse es un mandado insoslayable en todos los casos, y no se podrá encontrar paz ni salvación hasta que esta condición sea cumplida.

Ahora bien, es generalmente en este asunto de la sumisión en donde está el tropiezo de aquellos que buscan paz con Dios, pues los mantiene sin salvación, y como he dicho, un hombre que no se somete a Dios no es salvo: un hombre o mujer que no es salvo de la rebelión ni del orgullo no es salvo, y no importa qué piense de sí mismo/a. Tal vez, si hago algunas observaciones adicionales podría convencer a algunos de mis lectores de que esta es la razón por la que estos no pueden obtener la paz que el evangelio tan liberalmente les ofrece, convencerles de que la falta de paz consiste en la falta de sumisión a Dios en algún aspecto.

Veamos ahora que en el hombre salvo hay y debe haber una sumisión plena e incondicional a la ley de Dios. Debes consentir en que la ley de Dios es buena; y si tu mente se ha rebelado a esta ley suprema en el pasado, debes poner fin de inmediato a tal contienda, pues es imposible que tengas razón si discrepas contra la ley de la justicia. Si te eriges es juez de la ley, estarás juzgando al Legislador, y ¿qué es esto sino una oscura presunción? Y esto de juzgar la ley, en su raíz más profunda es traición contra Dios y destronarlo para reinar en Su lugar. ¡Qué triste es ver a un mortal pecador criticando la ley perfecta de su Hacedor! Sabes que te estás atreviendo a hacer esto cuando dices: «Él es demasiado estricto al señalar el pecado, y demasiado severo al castigarlo» ¡¿qué es esto sino condenar a tu Juez?! Si dices: «Él me pide cuentas por mis palabras ociosas, y hasta por mis pecados de ignorancia, ¡esto es severidad!», qué es esto sino tildar de injusto al Señor. ¿Debe modificarse la ley para adaptarla a tus deseos? ¿Deberían acomodarse sus requisitos para fomentar tu pereza? Si pides esto, no eres salvo, porque una persona salva se deleita en la ley de Dios según el hombre interior, y dice de ella: «la ley es santa», aunque llora cuando agrega, «mas yo soy carnal, vendido al pecado». Honra la ley cuando se inclina ante ella y confiesa sus deficiencias.

Si, y antes de que un hombre pueda tener paz con Dios, deberá someterse a la sentencia de la ley. Aunque esa ley, en su severidad, escudriña lo que controla el corazón y lo prueba, nos lleva ante el tribunal de Dios y pronuncia su sentencia sobre nosotros, con todo, debemos admitir que es justa. La gracia que obra en el corazón hace que el penitente se declare culpable del pecado y reconozca que el castigo es merecido. En mi caso, reconozco sin reservas que cuando la ley en mi conciencia me condenó al infierno, no me atreví a mover un dedo, ni a pensar siquiera en disputar la sentencia. La conciencia no alcanzará a ser vivificada por Dios, ni el alma a ser renovada, ni el hombre a salvarse a menos de que clame: «Reconozco mis rebeliones; y mi pecado está siempre delante de mí. Contra ti, contra ti solo he pecado, y he hecho lo malo delante de tus ojos, para que seas reconocido justo en tu palabra, y tenido por puro en tu juicio». Debes someterte a la justicia y a la severidad de Dios, o de otra manera Él te resistirá como hace con todos los soberbios. No podrá haber perdón para un hombre a menos de que honre la ley con una sumisión sincera.

Y si tú dices: «no soy culpable», entonces serás juzgado con justicia, pero no podrás ser perdonado por la misericordia. Estarás en una posición desesperada; Dios mismo no puede hacer nada sobre esta base, pues Él no puede admitir que su ley es injusta y su castigo demasiado severo. El Señor no puede estar en paz contigo mientras desafías su ley. Él declara que eres culpable, y si tú disputas esta declaración. existirá una disputa entre tú y Él, disputa que no podrá terminar hasta que reconozcas tu error y pidas perdón. Él puede tratarte con misericordia hasta que te sitúes en la posición de pecador, porque si dices: «No soy culpable», y comienzas a vindicarte y excusarte, estás en un terreno en donde el Señor no puede ayudarte. Si profesas ser justo, ¿cómo puede tratarte el señor sino con justicia? Y si te trata con justicia, Él convocará a sus testigos, y probará que eres culpable, por tanto, te condenará eternamente. Por tanto, te conviene someterte a Dios y decir: «Culpable soy, Señor; arrojo las armas de mi rebelión, y reconozco que estoy condenado ante ti, y si me salvas, es tan solo por tu perdón gratuito, por tu misericordia inmerecida, por tu amor ilimitado».

Luego, el ser humano debe someterse al plan de salvación solo por gracia. Ahora Dios se encuentra con el pecador en el terreno de la gracia. «No puedo exonerarte» —parece decir— «pero puedo perdonarte», en otras palabras, «no puedo tolerar que niegues ser culpable, pero si confiesas tu pecado, yo soy fiel y justo para perdonar tu pecado y limpiarte de toda maldad». Ahora, mi querido lector, ¿estás dispuesto? ¿Estás seguro de estar dispuesto a ser salvo solo por la gracia de Dios y ser liberado del pecador y de su castigo mediante el favor enteramente gratuito de Dios? ¿Acedes a esto? Confío en que lo harás. Pero hay algunos que no lo harán, porque tratan de establecer su propia justicia y no se someten a la justicia de Dios. Piensas que ir a la iglesia, escuchar sermones, asistir a las reuniones de oración, leer la Biblia, etc., esto ciertamente producirá algo así como una obligación en Dios de salvarlos. ¡Oh, amigos míos! Terminen con esas ilusiones vanas. Si vienes a Dios con algo parecido a un reclamo, el Señor no tocará el caso en absoluto, porque no tienes nada que reclamar, y tu sola pretensión será un insulto para Dios. Si piensas que tienes algo que demandar a Dios, ve a la corte de justicia y defiéndelas, pero la sentencia ciertamente será en tu contra, porque por las obras de la ley nadie será justificado. Prueba de otra manera. Acércate a Dios sin ningún derecho y apela a su piedad, diciendo: «Señor, clamo por misericordia. Con mucho gusto aceptaré tu gracia gratuita si me la das. Serás aceptado sobre esa base; porque el Señor es misericordioso y no echa fuera a ninguno que viene a Él confesando sus pecados.

También debes someterte a la forma en que Dios salva, esto es, a través de un sacrificio expiatorio y por medio de tu fe personal en ese sacrificio. Debes recibir a su Hijo como divino, y creer en esa sangre expiatoria que fue derramada por la remisión de los pecados de muchos. Seguramente no habrá mucha dificultad en rendir tu voluntad a esto, pues el camino de salvación por el gran Mediador es un camino tan deleitoso, tan justo para Dios, tan seguro para el hombre, que deberíamos aplaudir con gran alegría al pensar que este camino tan real hacia el cielo está abierto ante nosotros. ¿Qué decides querido amigo? ¿Te inclina el Espíritu Santo a confiar en la sangre de Jesús?

Luego debe hacer una sumisión total a Dios en cuanto a renunciar a todo pecado. Muchas personas oran por misericordia, pero continúan en sus pecados. Tales personas no pueden ser salvos, porque la salvación es la salvación del pecado, no *en* el pecado. ¿Cómo podríamos ser salvos del pecado si continuamos siendo sus esclavos? Si vienes a Dios y clamas:

«Señor, líbrame, y ten piedad de mí», y sin embargo, bebes en privado y te emborrachas ¿cómo puedes ser salvo? Si sigues haciendo trampas en los negocios, o diciendo mentiras, o si te entregas a un temperamento malicioso o de ira con tu familia, o si eres orgulloso y cruel, egoísta y mezquino, ¿cómo puedes ser salvo? Les advierto, la fe misma no puede salvarles mientras estas cosas estén presentes, porque si su fe fuera una fe salvadora, esta misma fe los libraría de estos males. La salvación es en sí la liberación del poder y del hábito del pecado. Muchas oraciones son semi hipócritas; hay una especie de sinceridad en ellas, pero no hay un deseo de todo corazón por la santidad y, por lo tanto, nunca obtendrán una respuesta de Dios. Amigo, ¿estás dispuesto a renunciar a todo pecado? Vamos, borracho, oras para ser perdonado, pero ¿estás dispuesto a dejar de beber de una vez por todas? Tú, hermano mío, pides perdón, está bien, pero ¿quieres al mismo tiempo cesar de ofender a otros? ¡Si o no! ¿Estás ansioso por buscar todos los caminos falsos y abandonarlos tan pronto como se descubran? ¿Deseas tener una lengua santa, veraz y piadosa? ¿Anhelas ser libre de toda lujuria y vicio secreto? Si es así, creyendo en el Señor Jesucristo ya eres salvo; tu suspiro para ser librado del mal es el comienzo de la obra de santificación. Pero si dices: «Renuncio a todo mal camino, excepto a esta pequeña iniquidad secreta», entonces todavía estas en la hiel de la amargura, y en las cadenas de la iniquidad. Tus oraciones se volverán a tu seno sin respuesta, y tu fingida fe en Cristo te condenará.

Tu fe imaginaria no puede salvarte, si continúas abrazando el pecado. Cierto hombre se ha acostumbrado a comer cierto platillo que es malo para su salud, y cuando llama a un médico, ellos conversan de esta manera: «Si confías en mí» —dice el médico— «puedo curarte». «Sí» —responde el paciente— «confío en usted de todo corazón». El médico prosigue y dice: «Debes renunciar a ese manjar porque es la causa de su enfermedad, y mientras lo comas, debes sufrir las consecuencias». «Bueno, doctor» —dice él— «confío en usted, pero no puedo renunciar a mi comida favorita». ¿No es evidente para todos que tal persona no confía en absoluto en el médico? Así también, cuando un hombre declara: «Confío en Cristo para que me salve del pecado», y luego continúa en su maldad, lo que está haciendo es burlándose del Buen Médico, y está en peligro de destrucción repentina. O debes echar fuera el pecado de tu corazón o este te mantendrá fuera del cielo. Hay que insistir en este punto: es imposible recibir a Cristo sin renunciar al mismo tiempo al pecado.

Si quieres ser salvo, tu debes haberte sometido a todas sus enseñanzas; este es un punto muy importante, porque hoy en día multitud de personas parecen ser cristianos, pero juzgan las Escrituras en vez de dejarse juzgar por ellas. Oíd, oh sabios: «Si no os volvéis y os hacéis como niños, no entraréis en el reino de los cielos». La sumisión a la autoridad infalible de la palabra inspirada es un requisito absoluto de todo discípulo de Jesús; sin embargo, esta generación se deleita en hacer lo opuesto. Incluso algunos de los que se hacen llamar a sí mismos ministros del evangelio persisten en manifestar un espíritu contrario a la fe infantil que salva el alma. Estos son diligentes en avivar la rebelión contra las enseñanzas de Cristo, y predican de esta manera ondeando la bandera de la «duda honesta». No desean que la gente crea, sino que piensen; y su evangelio, en la práctica, es: «Duda, no seas bautizado, y serás salvo». ¡Qué vergüenza para ellos! En cuanto a nosotros, el evangelio es este: «El que creyere y fuere bautizado, será salvo»; y nos contentamos con enseñar lo que Jesucristo nuestro Señor dijo a sus discípulos que predicaran a todas las naciones. Si nunca doblego mi razón, si nunca creo lo que no puedo entender, si cargo un cuchillo conmigo para cortar y desgarrar los textos de las Escrituras, si no me siento a los pies de Jesús como María (antes quiero que Él se siente a mis pies para que yo le diga cómo debe vivirse el cristianismo), ¿cómo podré ser salvo? Si después de todo creemos que somos infalibles y pasamos nuestros días inclinando nuestros pensamientos ante nuestras propias opiniones, ¿cómo podemos conocer a Cristo? Si en lugar de rendir mi juicio a las claras enseñanzas de mi Señor, me la paso corrigiendo sus doctrinas, ¿cómo puedo ser salvo? Si no he sometido mi intelecto a Dios, ¿qué paz puede haber en mí? Tomen nota de esto ustedes, jóvenes, ustedes que se creen mucho más sabios que sus padres, y que son demasiado intelectuales como para reverenciar al Dios de sus padres.

Pues bien, ahora debo hacer una pregunta más a quienes desean tener paz y no la encuentran: ¿se han sometido a las disposiciones providenciales de Dios? Conozco a personas, que van a la iglesia, pero que en su corazón disputan con Dios. «Se llevó a aquel ser amado» —dicen. Y no solo lo consideraron desagradable y cruel de su parte en ese momento, sino que todavía permanecen pensado de esa manera. Como un niño emberrinchado, lanzan miradas de odio al Padre celestial. Estos no están en paz, y nunca lo estarán hasta que reconozcan la supremacía del Señor y hayan puesto fin a sus pensamientos rebeldes. Si su corazón fuera recto delante del Señor, estuvieran agradecidos por las pruebas (por más duras que estas sean) y consentirían en someterse a su voluntad, pues esta es la correcta actitud.

Me temo que la falta de sumisión en este punto afecta a gran número de personas. No pueden tener éxito en los negocios, y por ello están enfadados con Dios; Él sabe que no son aptos y que no se les podría confiar grandes negocios, por ello, el Señor no cede ante sus deseos suicidas. Algunos no podrían jamás entrar en el cielo si Dios les concediera un poco de plata extra, y su única esperanza de salvación es que Él los mantenga así, con lo suficiente. Conocemos a algunos jóvenes brillantes que no pudieron continuar estudiando debido a problemas de salud. Estos querían ser famosos, pero debido a la enfermedad, no pudieron con la escuela y están enfadados con Dios. O puede ser que tengan ambición, pero no talento para estudiar y se rebelan contra su Hacedor, por no haberles dado la capacidad intelectual, «¿por qué a Salomón sí, y no a mí? A estos digo: «Conténtense con el talento que tienen, úsenlo, y dejen de contender con su Creador». Muchos tienen como una especie de resentimiento privado con la providencia, y se sientan como Jonás (cuando la calabacera se secó) y murmuran: «Estaré enojado con Él hasta la muerte por haberme hecho esto». Ahora bien, si este fuere el caso de alguno, hoy le digo: Deja de pelear con tu Dios. ¿De qué te sirve tener esa actitud? Lo mejor y lo más sabio es amistarte con Dios y dejar que su voluntad sea la tuya. Haz esto y te irá bien. Puedes estar seguro de que todo obra para bien; y que Dios te traerá ganancias incluso de los más tristes momentos si te quedas quieto y ves la salvación de Dios. «Vuelve ahora en amistad con Él, y tendrás paz; Y por ello te vendrá bien», haz esto, porque si no lo haces, puede decir que crees, pero realmente no tienes fe en Dios. ¿Cómo puede un hombre creer en Dios cuando lo acusa de tratarlo mal? La fe produce también resignación y sumisión, pero donde hay lucha y enemistad, la incredulidad continúa prevaleciendo; y hasta que no te sometas a Dios, tu alma no podrá tener bienestar, porque «Él resiste a los soberbios, y da gracia a los humildes». En resumen, debes, como un pecador culpable, arrojarte a los pies del Señor y decir: «Ten piedad de mí, oh Señor, y ten piedad de mí a tu manera. No te lo ordeno, sino te lo imploro. Humildemente te suplico perdón, ten piedad de mí. Me entrego a ti, pidiéndote que me santifiques. De todo corazón, renuncio a todo pecado. Temo pecar, ayúdame a aborrecer todo pecado; y hazme como quieras, y trátame como quieras; no te pondré términos y condiciones, me entrego a ti incondicionalmente. Solo por tu misericordia, renuévame, hazme tu hijo y sálvame. Como me pides que confíe plenamente en tu Hijo, yo decido confiar en Él. Señor, yo creo; ayuda mi incredulidad». Tendrás paz cuando tu corazón llegue a ese punto. En este momento tu herida no cicatriza, porque necesita ser lavada: la arenilla del orgullo está ahí, y causa una irritación miserable. Cuando el orgullo se haya ido, y estés completamente sumiso, entonces la herida será sana, y tus huesos rotos se regocijarán. No les pido que se sometan a un simple hombre, ni a un ministro del evangelio, sino con mucha seriedad lo digo: «Sométanse a Dios». Esto es lo justo, lo natural, lo que traerá mayor bien para ti. La sumisión es esencial para ser salvo, por tanto, inclínate ante el Señor de inmediato. Ruego que el Señor doblegue esa voluntad obstinada, y conquiste ese corazón que se ha descarriado. Entrega su voluntad a Dios y ora para que Él te libre de futuras rebeliones. Si ya te has sometido, hazlo más completamente, porque serás conocido como un cristiano cuando estés sometido a Dios. Si no te sometes, tu fe es un fraude, tu esperanza un engaño, tu oración un insulto, tu paz no es real y tu fin será la desesperación. El pecado de la rebelión es como el de brujería, y como iniquidad e idolatría la obstinación. «Ciertamente Dios herirá la cabeza de sus enemigos, La testa cabelluda del que camina en sus pecados» (Salmos 68:21).

Los preceptos de la sumisión

En segundo lugar, habiendo ya desarrollado el tema de la sumisión de manera general, concentrémonos ahora en los derechos y obligaciones de tal sumisión. Debo decir antes que la predicación a la que muchas veces he recurrido, la que dice: «Cree solamente y serás salvo», muchas veces ha sido malinterpretada. Se dan casos en que los jóvenes llevan una vida ligera, frívola, vertiginosa y hasta perversa, y, sin embargo, afirman creer en Jesucristo. Cuando los examinas un poco, te das cuenta de que ellos creen que Dios los ha salvado, aunque cualquiera que conozca su carácter puede ver con claridad que no son salvos en lo absoluto. ¿De qué está hecha su fe? Es una completa mentira. Su vida lo dice todo: viven tal y como lo hacían antes de su supuesta conversión, y aun practican sus antiguos pecados. No obstante, tratan de disuadirse a sí mismos de que son salvos. No amigos míos, la verdadera fe nunca cree falsedades; la presunción vive de la mentira, pero la fe tiene en la verdad su único alimento. Esa fe no tiene argumentos para decirme que soy salvo si ante mis propios ojos tengo la evidencia de que estoy viviendo en el mismo pecado del que *pretendo ser* salvo. Aunque ni por un momento pondríamos en tela de duda la doctrina de la justificación por la fe, y de la salvación gratuita, también debemos predicar una verdad que es paralela: «Os es necesario nacer de nuevo» (Juan 3:7). Debemos traer a la escena principal lo que los antiguos evangelistas nos han dicho: «Arrepentíos». El arrepentimiento es tan esencial para la salvación como la fe; de hecho, no hay la fe sin arrepentimiento, excepto la fe de la que hay que arrepentirse. Una fe de ojos secos nunca verá el reino de Dios. Un santo aborrecimiento por el pecado siempre va acompañado por una fe infantil en Aquel que llevó el pecado sobre sí. De donde se encuentra la gracia raíz de la fe, otras gracias también brotarán.

Resistid al diablo

Observemos ahora cómo el Espíritu de Dios, después de habernos pedido que nos sometamos, continúa mostrándonos qué más Él pide de nosotros. Pide una valiente resistencia en contra del diablo: «resistid al diablo, y él huirá de vosotros». El asunto de la salvación no es algo meramente pasivo, sino todo lo contrario: el alma debe despertarse a la guerra activa. Debo caer en los brazos de Cristo, para que Él me salve, y confiar en él enteramente; pero cuando dependo de Él, y el primer esfuerzo de esa vida es herir con todas mis fuerzas al adversario de Cristo y de mi propia alma. No solo debo luchar contra el pecado, sino también en contra del espíritu que fomenta y sugiere el pecado. Debo resistir al espíritu secreto del mal, pero también a sus actos externos. «Oh» —dice uno— «no puedo abandonar un hábito muy arraigado», a este sujeto yo le dijo: «Amigo, debes renunciar a ese hábito y resistir al diablo o perecer». «Pero ya llevo muchos años con él» —grita el hombre—. «Sí, pero si verdaderamente confías en Cristo, tu primer esfuerzo será luchar en contra de ese mal hábito. Puede tratarse, no de un hábito o impulso meramente, sino de un espíritu malo, un espíritu astuto que está bien armado, y a la vez es fuerte y sutil. Sin embargo, no puedes ceder, tienes que resistir hasta la muerte, animado por la promesa de Cristo, una gracia que Él ha prometido, que este huirá de ti. En el nombre de Jesús, vencerás la tentación, dominarás el mal hábito y escaparás de la esclavitud, solo lucha por la libertad y desprecia con todas tus fuerzas las cadenas del pecado. Si quieres tener paz con Dios, debe haber guerra con satanás, no podrás descansar en tu espíritu ni conocer la paz que da la fe, a menos de que hagas una guerra a muerte contra todo mal y contra todo principado de maldad, incluso contra satanás. ¿Estás listo para eso? No podrás tener paz a menos que lo estés.

Luego, el Apóstol escribe: «Acercaos a Dios, y él se acercará a vosotros». El que cree sinceramente en Cristo permanecerá mucho tiempo en oración; sin embargo, hay algunos que dice: «Queremos ser salvos», pero descuidan la oración. Estos no comprenden por qué no pueden disfrutar del cristianismo y se preguntan qué es lo que pasa. Pero más bien, deberías preguntarle eso a tu lugar secreto, a tu propio corazón, ¿cómo podrás ser feliz, próspero y bendecido en las cosas divinas si no oras? Recuerda que el mero recitar de oraciones o rezos no es orar. La esencia de la oración está en el acercamiento del corazón a Dios, y puedes hacerlo sin palabras. La oración es el sentimiento de que Dios está presente y el deseo del alma es acercarse a Él para apropiarse de su influencia, conocer su amor, sentir su poder y conformarse a su voluntad. Este tipo de oración puede continuarse, por el poder del Espíritu, todo el día. Sé esto de una vez: una de las principales evidencias de un alma salva es esta: «he aquí, que Él ora» (Hechos 9:11); y si piensas que por algún acto momentáneo de fe —el cual supones haber ejercido— por ello eres salvo, en tanto tu corazón permanece alejado de Dios, sin oración, estás fatalmente engañado. Esa no es la enseñanza de las Escrituras, y si no oras, con nada tal cosa puede justificarse. Así, si la oración está descuidada el alma está muerta.

LIMPIAD LAS MANOS

El siguiente precepto es: «Pecadores, limpiad las manos». ¿Cómo es esto? ¿La palabra de Dios les dice a los pecadores que limpien sus manos y purifiquen sus corazones? Sí, eso es correcto. ¡Ah! —susurra nuestro amigo calvinista— «eso es arminianismo». ¡Vamos, hermanos, esta es palabra de Dios! y ¿quién eres tú para replicar en contra de Su palabra? Si tal enseñanza se encuentra en este Libro Sagrado, ¿cómo alguien se atreverá a cuestionarla? Viene con un «así dice el Señor», «pecadores, limpiad las manos». Cuando un hombre se acerca a Dios y dice: «Estoy dispuesto y ansioso por ser salvo, y confío en que Cristo me salvará», y, sin embargo, continua con sus manos negras y sucias, haciendo cosas inmundas, haciendo lo que sabe que está mal ¿espera que Dios lo escuche? ¿Tengo que gastar media docena de palabras para demostrar que ese hombre no cree y realmente no es honesto delante del Altísimo? «Limpiaos las manos, pecadores», ¿eres capaz de pedirle a Dios que esté en paz contigo mientras tus manos tienen sujetos tus pecados y los abrazan con amor, manos que están llenas de sobornos o de asquerosa lujuria o que golpean con el puño de la ira? Si haces la obra del diablo con vuestras manos, no esperes que el Señor las colme de bendición. Esto no puede ser así, tienes que romper con tus pecados mediante la justicia, y como Pablo sacudió la víbora de su mano en el fuego, tú también debes hacerlo. Por el poder de la fe, si es una fe verdadera, podrás limpiar tu vida de las malas acciones. En realidad, cuando hay alguna persona que habla de ser espirituales y ni siquiera es decentemente moral, nos enferma escucharla: ¿Cómo se atreven a hablar de ser cristianos cuando no viven mejor que los mahometanos o los paganos? ¡Oh, son perros que aúllan de vergüenza! ¿qué parte tendréis entre los hijos si mordisqueáis y devoráis y amáis vuestra inmundicia? Es ocioso hablar de salvación mientras el pecado se abraza al corazón con ambas manos. ¡Fuera con tales hipócritas!

Purificar el corazón

Luego añade: «Y vosotros, los de doble ánimo, purificad vuestros corazones». ¿Puede alguno purificar su propio corazón? Seguramente no él mismo, pero para estar en paz con Dios debe purificar lo suficiente su corazón a fin de que ya no sea un hombre de doble ánimo. El que quiere apropiarse de la salvación debe buscarla deveras, debe buscarla de tal manera que esté resuelto a renunciar a cualquier cosa y a soportar cualquier cosa con tal de ser rescatado del pecado. «Y vosotros, los de doble ánimo, purificad vuestros corazones». Deshazte de esa mirada lasciva hacia la inmundicia, de esa mirada bizca a la ganancia mundana; porque hasta que todo tu corazón clame buscando al Altísimo, Él no te oirá. Tienes que decir como dijo David: «Mi corazón y mi carne claman por el Dios vivo» (Salmos 84:2, NBLH). Encontrarás al Señor cuando dejes de intentar servir a dos señores y te sometas a Él; hasta entonces Él te bendecirá. Creo que esto toca las fibras más íntimas de muchos corazones, y el mal que en ellos hay, pues estos no logran tener la paz tan deseada porque no han renunciado al pecado, no están de todo corazón buscando esa paz.

Entonces el Señor nos ordena: «Afligíos, y lamentad, y llorad. Vuestra risa se convierta en lloro, y vuestro gozo en tristeza». Me apena decir que he encontrado algunos que dicen: «No puedo encontrar la paz, no puedo obtener la salvación», y parecen muy honestos cuando lo dicen, pero luego salen, y cuando están afuera se ríen unos con otros, como si este asunto fuera divertido. Gastan el día de reposo en conversaciones vanas, ociosas y frívolas, no muestran seriedad ni siquiera ese día. Algunos van a la iglesia sin meditar en lo que hacen, solo es una actividad en el calendario, pero no sopesan las cosas eternas, no sienten dolor por el pecado, ni se humillan ante el amor de Dios. ¡Oh alma impenitente, detén esa risa, por el bien de la decencia, detén esa risa! Que te rías mientras estás en peligro de perderte me suena tan espantoso y sombrío como si los demonios en el infierno montaran un teatro y representaran una comedia en el abismo. ¿Qué derecho tienes de reír mientras tu pecado no ha sido perdonado, mientras Dios está airado contigo? No, acércate a Él de la manera correcta o Él rechazará tus oraciones. Tienes que tomar las cosas eternas con seriedad; piensa en la muerte, en el juicio y en la ira venidera. Estas no son bagatelas mis amigos, ni cosas para divertirse. La verdadera religión no es algo que se puede acceder tan fácil y rápidamente como el chasquear de los dedos; que cuando dices: «¡Ey, rápido!», ¡no! ¡de ninguna manera esto es así! Si eres salvo, tu mente está solemnemente impresionada por las realidades eternas y eres serio acerca de los asuntos de la vida y de la muerte. Tan solo pensar en pecar te aflige, y si lo encuentras en tu vida diaria, rápido vas y te humillas y te afliges delante del Señor a causa de ello. Muchos, lamento decirlo, no tienen paz porque no hacen de las cosas eternas algo solemne; más bien, juegan con él como si fuese algo trivial y no se preocupan por esas cosas que pertenecen a la condición del corazón y del espíritu delante de su Creador.

Humillaos delante del Señor
Finalmente, el Señor resume todos estos preceptos en uno solo: «Humillaos delante del Señor, y él os exaltará». Debe de haber una profunda y humilde actitud del espíritu ante Dios. Si tienes un muchacho que muestra gran rebeldía contra ti, y ya lo has castigado; sin embargo, persiste en ello, dile que debe humillarse antes de ser perdonado. Si es un niño sabio, y desea escapar de tu ira, hará una confesión obediente, reconocerá que se equivocó, y apelará a tu amor; entonces tú lo perdonarás liberalmente. No obstante, en muchos que pretenden venir a Dios no hay humildad. No reconocen que alguna vez hayan hecho algo particularmente malo, y no les importa si lo hicieron. Sin embargo, escuchan que hay que creer en Jesús, y profesan creer, pero no porque crean realmente sino por otros lo hacen. Ah, señores, Jesucristo no vino a sanar a los sanos, sino a los enfermos; ni murió para vendar a los que no están quebrantados; ni a dar vida a los que nunca estuvieron muertos. Tiene que haber en ti —y que Dios te lo dé— un

quebrantamiento de espíritu; «al corazón contrito y humillado no despreciarás tú, oh Dios» (Salmos 51:17).

Si tu corazón nunca ha sido quebrantado, ¿cómo podrá vendártelo? Si nunca fue herido, ¿cómo podrá curarlo? Todos estos son asuntos de gran importancia, y los hablo con ustedes para que ninguno sea engañado. Dios te ayude a clamar: «Examíname, oh Dios, y conoce mi corazón; Pruébame y conoce mis pensamientos; Y ve si hay en mí camino de perversidad, Y guíame en el camino eterno» (Salmos 139:23-24).

Este es el camino de salvación: que creáis en Jesucristo a quien Dios ha enviado (Juan 17:3). Pero recuerda que Él no nos salva de nuestros pecados si decidimos *permanecer* en pecado. La fe en Jesucristo salva y salvará a todos lo que tienen esta fe, pero esta fe se demuestra al renunciar al pecado. Esta fe nos asegura que somos perdonados, y este perdón nos hace amar a Cristo, aquel que nos perdona de toda maldad. Y este amor hace que aborrezcamos el pecado y que nos esforcemos por purificarnos de ellos por el Espíritu Santo. La fe sin obras es muerta; y aunque un hombre es justificado por la fe y no por las obras; sin embargo, la fe que salva es una fe que produce buenas obras, y conduce al camino de la verdadera santidad. El que no busca la justicia y la verdadera santidad, vive en una farsa, y viviendo está muerto. Que el Señor tenga misericordia de ustedes, por amor de Cristo. Amén.

CAPÍTULO 2
La herencia de los santos y su consigna

> «*Ninguna arma forjada contra ti prosperará, y condenarás toda lengua que se levante contra ti en juicio. Esta es la herencia de los siervos de Jehová, y su salvación de mí vendrá, dijo Jehová*» (Isaías 54:7).

Observo en mi texto base dos cosas: la primera es la esencia que tienen los santos, y la segunda es la consigna de los santos.

La herencia de los santos

No supongas que al desarrollar este tema haré una investigación de todas las herencias que tienen los santos, especialmente al recordar que todas las cosas son nuestras; pues tenemos el regalo de Dios, y fuimos comprados a precio de sangre. El tiempo nos faltaría para hablar de todo lo que el hijo de Dios posee en Cristo. Este mundo es suyo; la tierra es su morada, el cielo es su hogar. Esta vida es suya (con todas sus penas y alegrías); la muerte le pertenece (con todos sus terrores y realidades solemnes); y la eternidad es suya (con toda su inmortalidad y grandeza). Dios es suyo, con todos sus atributos. El santo tiene derecho potencial a todo. Dios lo ha hecho heredero de todas las cosas; porque somos coherederos con Cristo, coherederos con el Hijo de Dios. No tendríamos tiempo suficiente, en una vida de setenta años, ni siquiera para leer una vez el justo inventario de las posesiones del santo. Hay en él tal profundidad insondable, tal altura inconmensurable, tal intensidad de valor, tal riqueza de preciosidad, que deberíamos de leer tal inventario un número eterno de veces antes de poder comprender completamente el amor de Dios. Por tanto, no describiré la herencia del pueblo de Dios en sus distintos aspectos, sino hablaré de este único elemento mencionado en este texto en particular. Esto es: «Ninguna arma forjada contra ti prosperará; y condenarás toda lengua que se levante contra ti en juicio». Hablaré de esto no solo como la herencia de la iglesia en general, sino de la posesión personal y particular de cada verdadero creyente y de cada hijo de Dios.

Ningún arma forjada contra ti prosperará

Primero, dice el versículo, que tendremos protección contra la mano de los hombres: «Ninguna arma contra ti prosperará». Satanás siempre ha usado la mano del hombre contra la Iglesia de Cristo. Él siempre ha usado el arma de la fuerza física en contra de la Iglesia. Desde el día en que Caín golpeó con un garrote a su hermano Abel, y lo mató, hasta el tiempo de Zacarías, hijo de Berequías; y desde entonces y hasta ahora, esta arma ha sido usada constantemente en contra de nosotros. Nunca ha habido un momento en que no se haya forjado un arma en contra de la Iglesia de Cristo. Sí, incluso en este momento, mientras estoy aquí, y si pudiera inspeccionar con la imaginación nuestro mundo, veo un fuego ardiendo y una llama que se levanta en una hoguera. Veo a un monarca forjando un arma; a un tirano coronado con hambre de encadenar las libertades de Europa, y líderes déspotas anhelando destruir el glorioso evangelio del Dios bendito. Veo ejércitos listos, preparados para pelear en batalla contra los siervos de Dios. Sin embargo, con todo, aquí está nuestro dulce consuelo: pueden forjar el arma; pueden blandir la espada; pueden cerrar la puerta de la prisión; pueden encerrar a los presos;

pueden hacernos objeto de tortura; pero no pueden prosperar; porque Dios ha dicho que Él «quiebra el arco, corta la lanza, Y quema los carros en el fuego» (Salmos 46:9). «Ningún arma forjada contra ti prosperará». Él no permitirá que prospere.

Miremos un poco al pasado, y veamos cómo, a través de la historia, Dios ha cumplido esta promesa de gracia en su Iglesia. En muchas ocasiones Él no ha permitido que la espada toque a su Iglesia; pero en otras ha permitido que la espada haga su trabajo; sin embargo, del mal ha sacado bien. A veces Dios no ha permitido que ninguna arma forjada contra la Iglesia prospere, porque Dios no ha tolerado que esta toque a su Iglesia. Piensa en la destrucción del faraón; míralo, allí está, persiguiendo con su caballería de Egipto a la estirpe escogida. Entonces el mar se divide para dar paso a los elegidos del Señor; míralos pisar el fondo pedregoso del lecho del mar, mientras las aguas se levantan como dos muros de cristal, blancos como la nieve a la derecha y a la izquierda.

Pero el impío monarca, sin tener temor alguno de Dios al ver con sus ojos tal maravilla, grita: «¡Adelante, soldados de Menfis! ¿Tienen miedo de pisar en donde estos soldados pasaron? Mira la escena, como se lanzan locamente para perseguir a Israel en medio de los muros acuáticos. ¡Ay, Israel! No temas la lanza levantada, no temas a los caballos y carros que viene a ti traqueteantes; ellos marchan hacia sus tumbas, sus armas no prosperarán. Entonces Moisés levanta la vara de Dios, las corrientes separadas se abrazan con alegría ansiosa y atrapan al enemigo indefenso entre sus brazos.

Sobre el caballo y sobre el carro,
Sobre todo hombre de guerra,
Sobre el faraón y su corona de oro
Las fuertes olas vertiginosas rodaron
En medio del agua oscura y aterradora,
¡Se hundieron, se hundieron como plomo!

Henry Hart Milman, *The fall of Jerusalen: A Dramatic Poem* (London: John Murran, 1820), 65.

De nuevo aquí, hermanos míos, otra gloriosa prueba del cumplimiento de la promesa. Amán había concebido un gran odio hacia Mardoqueo, y por esa causa todos los judíos debían perecer. ¡Con qué astucia trama sus planes, con qué prontitud obtiene el consentimiento del rey!, ¡qué seguro está de su venganza! Incluso ahora, en su imaginación, ve a Mardoqueo columpiándose en la horca, y todos sus parientes entregados al matadero. ¡Ah, tú, enemigo, deléitate en tu imaginación, porque será defraudada! ¡Regocíjate en lo que has diseñado, pero por seguro será tornado en confusión! Hay un Dios en los atrios del cielo, y una Ester en el palacio de Susa. Tú mismo serás colgado en tu propia horca, y la raza de David vengará la acción del agagueo sobre sus hijos. ¡Oh, Israel, bien puedes regocijarte en la fiesta de Purim, porque el arma del valiente ha sido rota! Estos casos son tan solo ejemplos de los muchos que existen en la Biblia. Tiempo me faltaría para mencionar la conquista de Amalec y la derrota de Madián; o de Filistea y sus gigantes entregados a los israelitas como bestias de presa; o a Edom, sacrificado a filo de espada; o a aquellos ejércitos que huyeron al tronar de los cielos; o al ángel que en una noche hizo el campamento enemigo un campo de muertos. Que los guerreros, quienes descansan con sus espadas oxidadas bajo sus almohadas de tierra, se levanten de su largo sueño y confiesen la inutilidad de sus esfuerzos; si, que los monarcas ahora en las cadenas del infiero den testimonio de su confusión total cuando el Señor apareció en batalla para pelear por sus escogidos. Marcha, déspota; ordena a tus esclavos que se levanten contra los libres, aplasta a los indefensos y usurpa los dominios de tu vecino; pero debes saber que el Señor es más poderoso que tú. Tus hordas del Norte no son invencibles; y los británicos, con la ayuda de Dios, te enseñarán que en vano levantas la mano del ladrón. Contenderás con una nación en medio de la cual los elegidos de Dios están orando contra ti, y sabrás que Dios ha dicho a su simiente santa: «Ninguna arma forjada contra ti prosperará».

Pero ahora se presenta otra visión del tema. A veces Dios ha permitido que el enemigo se regocije sobre nosotros, y la espada ha sido usada con un efecto terrible. Ha habido días oscuros, lúgubres para la Iglesia escogida de Cristo, cuando la persecución ha gritado: «Destruid, y dejad libres los perros de guerra». Cuando la sangre ha corrido como agua sobre la tierra, y nuestros enemigos han triunfado. El mártir fue atado a la hoguera, o fue crucificado en el madero; el pastor fue cortado, y los rebaños fueron esparcidos. Los santos de Dios soportaron torturas crueles, sufrimientos terribles. Los elegidos clamaron y dijeron: «Oh, Señor, ¿hasta cuándo? Hasta cuándo te acordarás de tus siervos». El enemigo se rio y dijo: «¡Así te quería ver!». Sion está bajo una nube. Sus santos preciosos, comparables al oro fino, fueron estimados como vasijas de barro, obra de mano de alfarero, y sus príncipes fueron pisoteados como el lodo de las calles. Oh, alma mía, ¿cómo fue de triste aquel día, cuando el enemigo vino sobre ella como un diluvio, y ella apenas podía levantar el estandarte del Señor contra él? ¡Oh Dios, hubo una hora en que no escucharías el clamor de tus escogidos! Parecía como si tu oído estuviera sordo. La queja de la viuda no fue escuchada; los gemidos, las agonías y los gritos de los mártires pasaron desapercibidos; y todavía permitiste que el enemigo afligiera a tus hijos. La persecución sacudió la tierra y envió su lava ardiente de crueldad, devastando los hermosos campos de la Iglesia de Dios. ¿Pero prosperó el enemigo? ¿Tuvo éxito? ¿La persecución destruyó la Iglesia de Dios? ¿Prosperó el arma forjada contra nosotros? ¡No! Cada vez que la Iglesia tenía una ola de persecución pasando sobre ella, ella se ponía en pie y levantaba su bello semblante, «hermosa como la luna, esclarecida como el sol, imponente como ejércitos en orden» (Cantares 6:10). Ella es aún más gloriosa por todo eso. Cada vez que se derrama su sangre, cada gota se convertía en un hombre, y cada hombre así convertido estaba preparado para derramar su propia sangre para defender la causa de Dios, y la verdad, ¡ay!, eran tiempos en que la Iglesia, en lugar de ser disminuida y abatida, Dios la multiplicaba, y la persecución obró para su bien, en lugar de causarle mal. El perseguidor no destruyó la Iglesia. El barco de la Iglesia de Cristo nunca navega tan bien como cuando los vientos de la persecución lo mecen de un lado a otro, y cuando, en cada sacudida, está casi inundado. Nada ha ayudado tanto a la Iglesia de Dios como la persecución; ella ha sido aumentada y fortalecida por ella.

Debes recordar que esa no es solo la herencia de la Iglesia en general, sino también la herencia de cada creyente individual. Ahora me dirijo a ti, amigo lector. ¡Oh hermano, oh hermana, hay una palabra para ti hoy! «Ninguna arma contra ti prosperará». Hay algunas queridas hermanas que tienen maridos brutales; y hay hijos e hijas que tienen padres crueles. Sé que hay algunos que están ahora en medio de una terrible persecución, tan solo porque asisten a la iglesia. Cuando vamos a la reunión, poco sabemos de nuestro prójimo, el que está sentado al lado nuestro, que ha tenido que sufrir persecución para estar allí.

Podría revelar una historia que agitaría sus espíritus, una historia de persecución en mi experiencia pastoral, soportada por algunos de los santos que pastoreo. Esta es una palabra para ti, amigo mío: «Ninguna arma forjada contra ti prosperará». El golpe de un marido brutal no te dañará; podría dañar tu cuerpo, pero no puede dañar tu alma. «No temáis a los que matan el cuerpo, mas el alma no pueden matar; temed más bien a aquel que puede destruir el alma y el cuerpo en el infierno» (Mateo 10:28). ¿Por qué deberías temer a los hombres cuando Dios está de tu lado? Recuerda que Cristo dijo: «Bienaventurados sois cuando por mi causa os vituperen y os persigan, y digan toda clase de mal contra vosotros, mintiendo. Gozaos y alegraos, porque vuestro galardón es grande en los cielos; porque así persiguieron a los profetas que fueron antes de vosotros» (Mateo 5:11-12). Espera, joven; resiste jovencita; continúa en el temor de Dios, y encontrarás que la persecución obrará para tu bien.

Pero tengo también una palabra para ti, perseguidor. Tú que te sientes invencible: hay una cadena en el infierno, una cadena de hierro candente que será atada alrededor de tu cintura; hay demonios que tienen látigos de fuego, y azotarán tu alma por toda la eternidad, porque te atreves a poner tropiezo a los hijos de Dios. Acordaos de lo que dijo el Señor Jesús: «Y cualquiera que haga tropezar a alguno de estos pequeños que creen en mí, mejor le fuera que se le colgase al cuello una piedra de molino de asno, y que se le hundiese en lo profundo del mal» (Mateo 18.6).

CONDENARÁS TODA LENGUA QUE LEVANTE CONTRA TI EN JUICIO
La segunda porción del texto es también parte de la herencia de los santos: «…y condenarás toda lengua que se levante contra ti en juicio». Aquí está la protección que los santos tienen de la lengua de los hombres. Satanás no deja piedra sin remover para causar daño a la Iglesia de Dios. No usa simplemente los puños, pero frecuentemente usa la espada más afilada: la lengua. A veces podemos soportar más un golpe que un insulto. Hay un gran poder en la lengua. Podemos levantarnos de un golpe que nos tiró al suelo, pero no podemos recuperarnos fácilmente de una calumnia, que abate el carácter; sin embargo, la promesa de Dios es esta: «Condenarás toda lengua que se levante contra ti en juicio». Mira a la Iglesia en general, y observa cómo ha condenado a sus adversarios. Al principio tuvo que oponerse al judaísmo; pero la Iglesia lo ha condenado, y sus doctrinas fueron derogadas. Luego de ellos siguieron los filósofos, aquellos que dijeron que el evangelio era una locura (ya que no encontraban ninguna de la sabiduría mundana en él). Pero ¿qué ha sido del filósofo? ¿Dónde está el estoico que se jactaba de su sabiduría? ¿Dónde está el epicúreo que daba conferencias en las calles de Grecia? ¿Dónde están ahora? Se han ido, y sus nombres solo se usan para describir cosas que han dejado de ser. Entonces Satanás inventó el Islam para oponerse

a la verdad de Dios; pero la Iglesia de Dios lo ha condenado desde hace mucho tiempo. La cruz ha hecho menguar la media luna.

¿En dónde están los diversos sistemas que han promovido la infidelidad a Dios, los cuales han surgido uno tras otro? Están ahora fuera de nuestra vista. De vez en cuando nos alarmamos porque algunas personas importantes *iban* a demostrar que la Biblia no es verdadera y que nuestro credo no es sólido. Recuerdo haber hablado con un anciano que me dijo: «Ah, señor mío, la arqueología arruinará por completo la fe del hombre en la Biblia». Sin embargo, la arqueología, en lugar de oponerse al evangelio, proporciona muchas confirmaciones poderosas de los hechos ya revelados. Cada una de las ciencias, en su imperfecto estado, ha sido utilizada como un cañón improvisado en contra de la verdad, pero pronto, cuando se ha entendido mejor, se ha convertido en un pilar de la ciudadela de Sion. ¡No temáis, oh hijos de Dios, no temas que las perversiones de los hombres de ciencia no podrán dañar nuestra causa! Nosotros condenaremos toda lengua mentirosa. ¡Oh lengua mentirosa y condenadora, mil veces has sido tú condenada! ¡Eres como una criatura mitológica que cambia a medida que las edades van y vienen! Alguna vez fuiste un juguete irracional y risueño para Voltaire; luego un blasfemo intimidante con Thomas Paine; luego un demonio cruel y bebedor de sangre, y buen compañero para Robespierre; luego un teórico especulador con Owen; y hoy un espectro secularizador, grosero y mundano para los impíos y profanos. No te temo, infidelidad; eres un áspid que muerde el hierro, vamos, gasta tu bazo, rompe tus colmillos.

Amigos míos, ¿alguna vez han recorrido los siglos con la imaginación y han observado el ascenso y la caída de los imperios de la incredulidad? Si es así, esto es como estar en un campo de batalla y ver cadáveres por todas partes. Preguntas el nombre del muerto, y alguien responde que es el cadáver de tal o cual sistema, o el cadáver de tal o cual teoría; y fíjense bien, con la misma seguridad con que afirmo que pasa el tiempo, el estilo ahora desenfrenado de infidelidad perecerá, y, en cincuenta años, veremos el esqueleto de un esquema explotado, y su epílogo será: «Aquí, yace un tonto, al que se le llamó Secularismo». ¿Qué diremos del mormonismo, la superstición ojerosa de Occidente, o del papado, de las herejías socinianas (quienes negaban la Trinidad) y arrianas (quienes niegan la divinidad de Jesucristo), y otras formas de herejía? ¿Qué diremos de cada uno de estos errores, sino que pronto su día de fallecimiento llegará y que estos hijos del infierno se hundirán en el mismo lugar de donde salieron? Aquella vieja y loca iglesia situada en los siete montes se ha atrevido a lanzar sus maldiciones en contra de los santos del Señor; y todavía tiene en su mano la copa de vino de la abominación; y aún está vestida de escarlata, y su dominio se extiende sobre muchas aguas; pero ella será condenada en el juicio. He aquí, la piedra de molino en la mano del arcángel se apresura a ser lanzada y la gran Babilonia caerá, y será terrible su destrucción. Entonces se elevará el clamor de la Iglesia de Dios: «Gritad, oh cielos, porque el Señor ha hecho esto; Cantad, oh habitantes de la tierra, porque la promesa se ha cumplido, y toda lengua contraria ha sido condenada».

Esta promesa es también una herencia personal para cada hijo de Dios. «Y condenarás toda lengua que se levante contra ti en juicio». Qué dulce pensamiento es ese para mí, porque hay muchas lenguas ocupadas a mi alrededor: Algunos dicen: «Él es un buen hombre», mientras que otros dicen: «Está engañando a la gente». Bueno, mientras Dios continúe convirtiendo a los pecadores y trayendo más personas a su Iglesia, los hombres pueden decir lo que quieran de mí. No estoy preocupado en responder a ninguno de esos «infalibles» (en su propio pensamiento). Siempre, cualquier predicador que reúna a una multitud, o que esté haciendo lo bueno, será calumniado y vilipendiado; pero he aquí una promesa para él: «Y condenarás toda lengua que se levante contra ti en juicio». Entonces, cuantos más sean los acusadores, más serán las absoluciones; entre más calumnias, más honra. Puede el enemigo calumniarnos tanto como quiera.

Pero sé que hay algunos de mis lectores que creen y aman las doctrinas de la gracia; y que a veces sois llamados a disputar y luchar por ellas. Incluso, espero esto sea sí, porque somos llamados a «contender ardientemente por la fe que ha sido una vez dada a los santos» (Judas 1:3). Pues bien, sé cuál es el caso de muchos de ustedes, que cuando vienes a hablar con un infiel, no sabes qué decir. ¿No te ha sucedido esto muchas veces? En tales ocasiones has dicho: «Era mejor que me quedara callado, pues este sujeto me ha confundido»; sin embargo, recuerda: «Tú condenarás toda lengua que se levante contra ti en juicio». La última vez que tuviste una disputa, pensaste que tu adversario saldría vencedor, ¿cierto? Pensaste mal. Podría gloriarse en su destreza intelectual; podría decir: «Oh, ese hombre no es nada para mí». Pero déjalo en paz hasta que se acueste; y cuando la oscuridad lo rodee por completo, entonces comenzará a pensar seriamente. Él te venció, pero solo en apariencia; pero ahora tú eres el que domina. Espera hasta que enferme, y entonces tus palabras resonarán en sus oídos; tus palabras resucitarán, se levantarán de la tumba, y si él sobrevive, entonces le vencerás. No tengas miedo de defender la verdad. No pienses que los incrédulos son sabios; o que los contrarios son excesivamente eruditos. Defiende la verdad; y te darás cuenta de que hay gran solidez y verdad en las doctrinas que defendemos; tanta, que ninguno de ustedes debe avergonzarse de ellas. Son poderosas, y deben prevalecer. ¡El poderoso Dios de Jacob, por la intervención del Espíritu Santo, los haga triunfantes!

Hay uno que se ha levantado contra mí en juicio muchas veces, y me atrevo a decir que ha turbado a muchos del amado pueblo del Señor, me refiero a satanás. Él siempre se levanta en juicio contra nosotros. Cada vez que nos metemos en un pequeño problema, él viene y dice: «No eres un santo». Si cometemos un pecado, dice: «No pecarías así si fueras un hijo de Dios; has quebrantado el pacto con Dios; te has engañado a ti mismo». ¡Cuántas veces satanás se ha levantado contra mí en juicio, y confieso que he prestado atención a lo que me ha dicho! En ocasiones le he contestado: «Eres un mentiroso, el padre de toda mentira»; pero en otras ocasiones, he creído a sus maliciosas acusaciones. No es cosa fácil oponerse a las insinuaciones del maligno. Ustedes, mis hermanos, no ignoran sus artimañas. Este interfiere en la conciencia, aúlla como carcelero infernal con argumentos, y hace tocar el tambor de un terrible destino en nuestros oídos; aun es capaz de negar que estemos unidos a Jesús, y nos reclama como su presa, dice que estamos a su merced. ¡Ah, pero qué glorioso es ver a nuestro Abogado entrar en la escena de la conciencia para asegurarnos que Él ya había defendido nuestra causa en el Tribunal del Altísimo, del Rey Soberano! Qué glorioso momento cuando el acta de los decretos que nos era contraria fue estropeada por los clavos de la cruz. Ahora podemos estar seguros que la lengua de satanás fue condenada y sus calumnias silenciadas. ¡Glorioso Consejero, alabado sea tu adorable Nombre!

Que los santos sepan también que pronto tendrán un triunfo aún más público sobre su cruel enemigo. En el día del juicio, el enemigo de Dios y del hombre será arrastrado de su celda, levantará su frente de bronce con cicatrices de trueno, recibirá su sentencia, e iniciará un período eterno de tormento, uno aun más terrible que todo lo que ha soportado antes. Oh santo, ¿acaso no sabes que lo juzgarás? *¿O no sabéis que hemos de juzgar a los ángeles?* (1 Corintios 6:3). Vosotros, hijos de Dios, os sentaréis como colaboradores con el Hijo primogénito de Dios; y cuando él pronuncie la sentencia del antiguo dragón, solamente dirás «Amén». Alégrate tú, que ahora eres probado; porque tú pisarás al león y al dragón, tu pie estará sobre la cabeza de tu enemigo, y sabrás que la promesa de este texto se cumplirá y tú lo verás con tus ojos. «Y condenarás toda lengua que levante contra ti en juicio».

Ahora, amados, creo que he escrito lo suficiente respecto a esta gloriosa herencia de los santos de Dios. Las armas forjadas contra nosotros no prosperarán, y las lenguas levantadas contra nosotros serán condenadas.

La consigna de los santos

«Esta es la herencia de los siervos de Jehová, y su salvación de mí vendrá, dijo Jehová» ¿Qué es esto? Desde la antigüedad y hasta hoy, los ejércitos suelen tener sus consignas. Esto es para el caso de que puedan reconocerse unos a otros en la oscuridad. Esta es la consigna de los santos: «Mi salvación viene de Dios», y si él o ella puede decir algo así, entonces puedes tener seguridad de que este es un discípulo de Jesucristo. Pero si no entiende bien nuestro *Shibolet* (Jueces 12:6), es posible que no haya vivido todavía en este país, en donde se habla la lengua pura de Canaán, y eso puede excusar los defectos de su lenguaje. Una persona puede tener algunos puntos en los que no coincida con nosotros, pero si dice con sinceridad «mi salvación viene de Dios», puedes concluir que no se trata de un enemigo de la verdad; quiero decir, *la verdad*, tal y como es en Jesús.

Podemos entender esta consigna de dos maneras. Uno, que la salvación o la justicia cristiana —ante los ojos del mundo— pertenece a Dios; es decir, su salvación viene de Dios. Llegará un día en que los hijos de Dios saldrán limpios de toda calumnia, cuando la falsedad será eliminada, y ellos se levanten justificados, incluso ante sus enemigos. Sus calumniadores no tendrán nada que decir contra ellos entonces, y los hijos de Dios serán alabados obligatoriamente por un universo —quien reunido— se inclinará para adorar a Aquel que hace bien todas las cosas. Pero esta reivindicación no se logrará por sus propios esfuerzos; no es porque ellos, siendo inocentes, sufrieron reproche por causa de Cristo; ni porque lloraron al ser contados como la escoria del mundo. No, su justicia y su vindicación, su liberación de todas las acciones de malicia, y de las calumnias de envida recibidas en su contra, vendrá de Jehová. El escudo que resguarda la Iglesia está en las manos del Señor, y Él limpiará toda mancha de ella. Dios mismo vindicará el carácter de los santos; y todos los mentirosos tendrán su parte en el lago de fuego y azufre. Que este sea el lema en el pendón de nuestra lanza; que esta sea nuestra consigna de júbilo: «Nuestra justicia es del Señor».

La segunda manera de entender esta consigna es que esta: «La salvación que los salva es mía», dice el Señor. Si pudiera poner a todos mis lectores a prueba y les pudiera hacer una sola pregunta, les preguntaría: «¿En qué consiste tu salvación o justicia?».[1] Vamos, hagan una fila india, les preguntaré a todos, «¿En qué consiste tu salvación o justicia?». «¡Oh, soy tan bueno como lo son mis vecinos!». ¡Vaya! Esa no es una buena respuesta. «Soy bastante mejor que mis vecinos porque voy a la iglesia con regularidad». ¡Oh, vamos! Tú no conoces la consigna. El que sigue: «He sido bautizado y soy miembro de la Iglesia». Sí, y eso está bien, pero si esa es tu única esperanza, todavía estás en la hiel de amargura (Hechos 8:23). Ahora tú, ¿qué dices?: «Oh, yo hago lo que puedo y Cristo hace el resto». ¡Basura! Eres babilónico y no israelita. Cristo no es para «alcanzar la medida». Aquí viene el último, «¿En qué consiste tu salvación o justicia?». «Mi justicia son trapos de inmundicia, y no tengo justicia propia sino la que Cristo obró por mí en el Calvario, la cual me es imputada por Dios mismo, y esta justicia me hace tan puro como un ángel». Ah, hermano mío, tú y yo somos compañeros de milicia, y esta es nuestra consigna: «Mi justicia viene del Señor». No les pregunto si son clérigos, metodistas, independientes o bautistas, si tu consigna es que tu justicia y salvación vienen del Señor, entonces podemos dejar de lado cualquier diferencia que hubiese entre nosotros y cantar: «Jesús, tu sangre y tu justicia, belleza mía son, mi glorioso vestido glorioso».[2]

Dime que has puesto tu confianza en cualquier otra cosa o persona y no tendré nada que ver contigo. Dime que puedes trabajar en tu propia salvación sin la ayuda de Dios, y no te reconoceré como mi hermano.

---

[1] En la versión King James, la usada por Spurgeon se lee *righteousness*, que significa en español *justicia*. La palabra en hebreo significa justicia, rectitud,

[2] Himno, título en inglés *The Lord our Righteousness*, trad. John Wesley, Autor Nicolaus Ludwing, Graf von Zinzendorf.

Pero si me dices que desde el principio y hasta el fin confías solamente en Jesús, entonces te reconoceré como mi compañero de milicia, y me alegrará verte dondequiera que te encuentres.

Ya hemos hablado de la herencia de los santos y de la consigna de los santos, ¿qué más diré? Diré: ¡Qué bien ha cumplido Dios su promesa! ¿No es así? Debes saber que, hace apenas 249 años, el próximo año se cumplen 250, que debajo de la Casa del Parlamento se preparó la pólvora para volar las Cámaras de los Lores y de los Comunes, y destruir por completo la nación. ¡Ah, cómo se regocijaba satanás con la idea de destruir la Iglesia de Dios y colocar a sus compinches en los lugares de honor que corresponden a los que aman al Señor! Los conspiradores dijeron: «Los fundamentos serán destruidos, y entonces, ¿qué harán los justos» (Salmos 11:3). Pensaron que seguramente su fin se cumpliría; pero ¡oh, qué desilusión la de ellos! Fueron descubiertos; bajaron los soldados y descubrieron el complot. Así se impidió que el papado se extienda por toda Gran Bretaña. Bendito sea el nombre del Señor. «Ninguna arma forjada contra la Iglesia prosperará». Nos gloriamos porque podemos poner nuestro dedo sobre la página de la historia y exclamar: «Dios es verdadero, y los hechos pasados son testigos de su fidelidad».

Oh, mi amado hermano, ¿te ha dado el Espíritu Santo un conocimiento profundo de la verdad que esta promesa de Dios envuelve? ¿has experimentado las benditas liberaciones que provienen de la diestra del Altísimo? Me temo que muchos de los que van a la iglesia, no tienen parte ni suerte en este asunto, y estos tienen verdaderos motivos para lamentar su terrible pérdida al no poder aprovechar las bendiciones de esta gran promesa de Dios. En contraste, hay muchos de nosotros que ahora podemos anticipar la hora —junto con toda la familia de la fe, comprada con la sangre de Jesús— en que obtendremos la redención completa. ¡Cómo nos habremos de deleitar en la gracia! ¡Escucha con atención! ¿No te parece escuchar ahora una música maravillosa? Me parece oír una canción que desciende del cielo de Dios, arrastrada por viento y su aliento es tan dulce como el que proviene de los bosques de especias de Arabia. Escucho un sonido no terrenal, debe ser celestial, porque ningún soneto mortal puede compararse con estos. Oh, río de armonía, ¿dónde están los labios de donde brotas? Los cielos están abiertos. Veo una hueste con túnicas blancas, con coronas en la cabeza y ramas de palma en las manos. ¿Quiénes son estos? ¿De dónde vienen? Estos son los que han pasado por la gran tribulación, los cuales dicen: «Hemos blanqueado nuestras vestiduras en la sangre del Cordero; por tanto, somos sin mancha delante del trono de Dios, y le servimos día y noche en su templo». Santos, repitan su cántico; santos de Dios, que resuene el coro; repítanlo una vez más, para que estos mis oídos lo oigan. ¿Qué cantan? «Ninguna arma forjada contra nosotros ha prosperado, y hemos condenado toda lengua que se ha levantado contra nosotros en juicio. Esta es nuestra herencia, nuestra justicia y salvación vienen del Señor. Ahora, santos de abajo, retomen el acorde y cántenlo con santa, gozosa y confiada anticipación: «Ninguna arma ha prosperado, el enemigo ha sido vencido; Ninguna lengua ha triunfado, Dios los ha enmudecido; el Señor es nuestra gloria, y cada uno de sus ejércitos gritará: "¡Hosanna!" en la hermosa costa de Canaán». ¡Gloria al Padre, al Hijo y al Espíritu Santo, por los siglos de los siglos! Amén.

CAPÍTULO 3
Los recursos celestiales

«¿Acaso piensas que no puedo ahora orar a mi Padre, y que él no me daría más de doce legiones de ángeles» (Mateo 26:53).

Trasladémonos al jardín de Getsemaní. Ahí está nuestro Señor, y allí está el traidor. Él es quien encabeza la multitud. Tú conoces su rostro, el rostro de ese hijo de perdición, Judas Iscariote. Este se adelanta, dejando a los demás hombres con los palos, las espadas, las antorchas y los farones, y procede a besar a su Maestro; esta es la señal para que los alguaciles identifiquen a su víctima. Inmediatamente se puede percibir que los discípulos están conmocionados, entonces uno grita: «Señor, ¿los atacamos con las espadas». Su amor por el Maestro ha ido más allá y superado la prudencia. No son más que once, es una pequeña banda para lucha contra un séquito enviado por las autoridades para arrestar al Maestro; pero el amor no tiene en cuenta las probabilidades. Antes que Jesús dé una respuesta, Pedro da el primer golpe, y el siervo del sumo sacerdote apenas si logró escapar de que le partieran la cabeza en dos; la providencia de Dios hizo que fuera únicamente su oreja la que sufriera daño.

C.H. Spurgeon

La gran virtud que Jesús muestra

Las acciones de Pedro no deberían sorprendernos, porque, además de su celo precipitado, muy probablemente malinterpretó lo que dijo el Señor en la cena: «El que no tiene espada, venda su capa y compre una» (Lucas 22:36). No hubo tiempo para que el Señor le explicara, Él muchas veces les habló en sentido figurado, y no deberían haberlo malinterpretado, pero así fue. Simplemente les había dicho que los días de paz, esos en que ellos podían entrar y salir entre la gente y ser recibidos con alegría habían terminado, pues Él mismo, quien una vez hubo gozado del favor del pueblo, ahora sería contado entre los trasgresores (Lucas 22:35-38); entonces ellos también serían considerados como escoria. Ya no podrían contar con la hospitalidad de un pueblo amistoso, sino ahora deberían llevar su propia bolsa y alforja; y en lugar de sentirse seguros dondequiera que fuesen, deberían pensar que habitan en un país enemigo, como aquellos que viajan siempre armados listos para su autodefensa. Ahora tendrían que valerse por ellos mismos y no esperar un alegre recibimiento entre un pueblo agradecido; tendrían que estar en guardia contra aquellos que, al matarlos, estarían pensando que esto era un servicio a Dios. No obstante, ellos tomaron su palabra literalmente, y respondieron: «Señor, aquí hay dos espadas» (v. 38). Me parece que nuestro Señor debió haber sonreído con tristeza al ver su falta de entendimiento y dijo: «Basta». Él nunca podría haber pensado en luchar físicamente para evitar ser entregado a los judíos, ya que para ese propósito dos espadas eran un armamento ridículo. Posiblemente se trataba, como algunos han dicho, de dos cuchillos largos, los que se usaban para el sacrificio de un cordero pascual; sin embargo, de hecho, el uso de armas es mucho más generalizado en Oriente que entre nosotros. Los discípulos de nuestro Señor eran en su mayoría galileos, y como los galileos eran más aguerridos que los judíos en general, posiblemente el uso de espadas era algo común entre ellos. No que fuesen hombres de guerra, sino porque era la moda en su país, y quizá habrían pensado que pudiere ser necesario su uso al pasar por algún sitio peligroso. En cualquier caso, Pedro tenía una, y la usó de inmediato. Entonces acometió contra el primer hombre que pudo alcanzar. Me sorprende que no fuese contra Judas; pues sería fácil excusarse después si lo hubiese hecho, pero no, fue contra el siervo del sumo sacerdote.

Entonces el Salvador se adelanta, y con toda mansedumbre, tan sereno como cuando estuvo cenando, tanto como si no hubiese pasado ya la agonía del Getsemaní, dice a Pedro en voz baja: «Basta ya; dejad» (Lucas 22:51); Él entonces recoge la oreja y la cura, y la calma continuó en Él, incluso ahora, cuando los hombres que vinieron a prenderlo estaban maravillados por aquel portento de misericordia; y agrega: «Porque todos los que tomen espada, a espada perecerán. ¿Acaso piensas que no puedo ahora orar a mi Padre, y que él no me daría más de doce legiones de ángeles? ¿Pero cómo entonces se cumplirían las Escrituras, de que es necesario que así se haga?» (Mateo 26:52-54). Y también dijo —lo que solo Juan parece haber escuchado—, «la copa que el Padre me ha dado, ¿no la he de beber?» (Juan 18:11).

La herida de Malco cumplió un propósito de misericordia, pues permitió a nuestro Señor obrar un nuevo milagro, uno que antes no había obrado: la restauración de un miembro mutilado o cortado por la violencia. Incluso en tales circunstancias, el Maestro les enseña y corrige su error descomunal, y esto va para todos los que se asombran de que primero el Señor aliente a los suyos a usar la espada, y luego les prohíba usarla. Pero mucho más que eso, hay algo todavía más claro aquí: Que un hombre se abstenga de usar la fuerza cuando no la tiene no es ninguna virtud; recuerda las palabras de la balada de Cowper: «Si alguien se inclina cuando la necesidad lo obliga, ¿acaso no podría también sentarse derecho?»[3]

---

[3] Esta frase quiere decir que es fácil humillarse cuando uno está desarmado e indefenso.

Sin embargo, para un hombre que tiene toda la fuerza en su mano, y que luego se abstenga de usarla, esto es un caso tremendo de autocontrol, y posiblemente de autosacrificio, es decir, se trata de una nobleza extraordinaria. Nuestro Salvador tenía una espada a su lado, una que bien podría haber usado aquella noche, pero no la usó. «¿Qué?» —me dirás— «¿cómo puede ser eso?» Nuestro Señor dijo: «¿Acaso piensas que no puedo ahora orar a mi Padre, y que él no me daría más de doce legiones de ángeles?». Ciertamente nuestro Señor tenía los medios para defenderse así mismo; algo mucho más poderoso que una espada colgada del cinturón; pero se negó a emplear el poder que estaba a su alcance. Sus siervos no pudieron soportar esta prueba, no tenían dominio propio, por ello Pedro actuó de inmediato usando su espada. Sin embargo, el fracaso de los siervos de Cristo sirve para contrastar el gran dominio propio de su Maestro; y Él parece con ello también estar diciendo: «Si ustedes no pueden ejercer dominio propio ni siquiera teniendo la fuerza de una simple espada, ¿cómo se les podría confiar un poder mayor? Si tuviesen las bandas angélicas a su disposición, las cuales, ante su oración, descendieran por multitudes del cielo, ustedes las usarían para obras de venganza, y estropearían así mi gran obra de amor». Hermanos, a veces es mejor que no tengamos espadas ni poder, pues aún no hemos aprendido de nuestro Señor a estar quietos y a controlarnos a nosotros mismos. Te invito a admirar el glorioso autocontrol de nuestro Señor Jesucristo, quien, armado, no con una espada sino con las huestes de guerreros celestiales (los poderosos querubines y serafines de Dios), se negó a hacerlos descender para auxiliarle. Así, el uso apasionado de la espada de Pedro sirve para ilustrar el feliz dominio propio ejercido por su Señor, y para esto es útil el incidente. Procedamos ahora a aprender de las palabras que nuestro Señor usa en este texto.

El gran recurso de nuestro Señor

Fijemos nuestra atención en cada parte de este texto. Primero dice: «Acaso piensas que no puedo ahora orar a mi Padre…?» Nuestro Señor está rodeado de adversarios y no hay ninguno de los que están a su favor que pueda defenderlo de la malicia de sus enemigos. ¿Qué puede hacer Él? Él dice: «Puedo orar a mi Padre». Este es el recurso continuo de nuestro Señor en tiempos de peligro; sí, aun en este tiempo, del cual dijo: «Mas esta es vuestra hora, y la potestad de las tinieblas» (Lucas 22:53). Incluso ahora, Él puede orar a su Padre.

Jesús no tenía posesiones en la tierra, pero tenía un Padre. Me regocijo cuando dice: «Acaso piensas que no puedo ahora orar a mi Padre…?». Este hombre está siendo traicionado, entregado en manos de sus enemigos sedientos de sangre; sin embargo, tiene un Padre todopoderoso y divino. Si nuestro Señor hubiera querido decir que Dios podía librarlo, Él hubiera dicho: «¿Acaso no piensas que puedo orar a Jehová?» o «…a Dios»; pero Él usa la expresión «mi Padre» y la usa no solo aquí, si no también cuando dice en el evangelio de Juan, «la copa que mi Padre me ha dado, ¿no la he de beber?». Oh, hermano mío, recordad que tenemos un Padre en los cielos. Cuando todo se ha ido y todo se ha gastado, podemos decir: «Padre nuestro». Los parientes están muertos, pero nuestro Padre vive. Nuestros supuestos amigos nos han dejado, así como las golondrinas se retiran en el invierno, pero no estamos solos, porque el Padre está con nosotros. Aférrate a este bendito texto: «No os dejaré huérfanos; vendré a vosotros» (Juan 14:18). En cada momento de angustia, ansiedad y confusión, tenemos un Padre en cuya sabiduría, verdad y poder podemos confiar. Nuestros queridos hijos no se preocupan mucho, ¿verdad? Si tienen un deseo, van a su padre; si están desconcertados, preguntan a su padre; si son maltratados, apelan a su padre. Si tienen una espina clavada en el dedo, corren a su madre en busca de alivio. Sea pequeño o grande el dolor, el niño es cuidado por sus padres. Esto hace que la vida de un niño sea fácil. Así también, nuestra vida sería fácil si actuáramos como niños ante Dios. Imitemos al Hermano Mayor, y cuando estemos en nuestro Getsemaní, sigamos, como él, clamando: «Padre mío, Padre mío». Esta es una defensa mucho más poderosa que la defensa de un escudo o una espada.

El recurso de nuestro Señor fue acercarse a su Padre con oración prevaleciente. «Acaso piensas que no puedo ahora orar a mi Padre...?». Nuestro Señor Jesús siempre usó esa maravillosa arma, el arma de la oración; y esta arma es mucho más que una espada, un escudo, una lanza, un yelmo, que una coraza, y que todo esto junto. Cuando no puedes hacer nada más, puedes orar. Y si puedes hacer muchas otras cosas, siempre será sabio decir: «¡Oremos!»; pero creo escucharte objetar que nuestro Señor había estado orando, pero sus dolores no le fueron quitados. Él mismo había orado hasta sudar gruesas gotas de sangre; sin embargo, quedó desprotegido, pues parece haber caído en manos de sus enemigos. Esto es verdad, pero solo en parte, porque Él se fortaleció en Dios y el poder para su liberación estaba a su disposición. Solo tenía que presionar un botón para ser rescatado al instante. La palabra griega aquí no es la misma palabra que se expresa para la oración ordinaria, otra versión diría: «¿Piensas que no puedo *rogar* a mi Padre?». Cometeríamos un error si colocáramos todas las oraciones en una sola categoría y pensamos que todas las formas de oración verdadera son iguales. Podemos orar y suplicar, e incluso hacerlo con bastante seriedad, sin embargo, podemos no estar usando esta forma de súplica que seguramente traerá la bendición. Hasta ahora nuestro Señor había orado, y había orado intensamente; pero aún había una forma más elevada de oración a la que podría haber acudido si hubiera sido apropiado hacerlo. Él podría haber suplicado algo que el Padre seguramente hubiera hecho, pero Él no quiso hacer esa súplica. Oh, hermanos, quizá ustedes han orado mucho respecto a su problema, pero todavía hay un recurso reservado, una súplica especial, y con la ayuda del Espíritu Santo, ustedes pueden orar de una forma más elevada y más prevaleciente. Esta arma es mucho mejor que una espada. Ayer estaba hablando con un hermano acerca de una oración que el Señor había respondido en mi propia vida; sin embargo, no pude evitar decirle también: «Sin embargo, no siempre puedo orar de esa manera. No solo no puede orar así, sino que no me atrevería a hacerlo, aunque pudiera». Movidos por el Espíritu de Dios, a veces oramos con un poder de fe que nunca puede fallar en la presencia de Dios; pero sin tal impulso no debemos dar paso a nuestra propia voluntad. Hay muchas ocasiones en las que, si uno tuviera toda la fe, una fe que moviera montañas, la mostraría más sabiamente no diciendo sino esto: «Pero no sea como yo quiero, sino como tú». Fue entonces que, aunque nuestro Señor tenía el poder de la oración para ser librado al instante de sus enemigos, no quiso orar de esta manera fin de hacer la voluntad del Padre. No le pareció correcto usar esta garantía; pero podría haberla usado si hubiese querido.

Nótese que nuestro Señor sintió que, incluso entonces podía orar. Las cosas no habían ido demasiado lejos como para no hacerlo. ¿Cuándo los cristianos pueden orar? La palabra «ahora» (mencionada en el texto), aunque aparece solo una vez [en la traducción de la RVR], está implícita una vez más, en la palabra griega *«paristēmi»* (la cual aparece después en el mismo texto), que significa *poner una persona o cosa a su disposición*. Ciertamente nuestro Salvador quiso decir: «Estoy en apuros; lejos está el pueblo cuyo favor en otros tiempos me protegía de los fariseos; estoy a punto de ser apresado por hombres armados; sin embargo, incluso ahora, puedo orar a mi Padre». La oración es una puerta siempre abierta. No hay situación en la que no podamos orar. Si seguimos al Cordero por dondequiera que vaya, podemos ahora orar eficazmente a nuestro Padre, tal como Jesús pudo haberlo hecho. Quizás dirás: «La hora de la muerte se acerca». Sí, ahora puedes orar. «¡Pero el peligro es inminente!». Sí, ahora puedes orar. Puedes orar como Jonás, quien dijo: «Descendí a los cimientos de los montes... el alga se enredó a mi cabeza» (Jonás 2:5,6); puedes orar ahora mismo. La oración es un arma que se puede usar en todas las posiciones a la hora del conflicto. Los griegos tenían lanzas largas, y estas eran de gran utilidad mientras no se rompiera la fila; pero los romanos usaban una espada corta, y esta era un arma mucho más eficaz en la lucha cuerpo a cuerpo. La oración es tanto la lanza larga como la espada corta. Sí, hermano, aun si te encuentras en las garras del león, puedes orar. Nos gloriamos en nuestro bendito Maestro, que sabía con plenitud de fe que, si manifestaba todo su poder de oración, podría poner todo el cielo en movilización. Que tan pronto como su oración suplicante hubiese llegado al oído del Padre, inmediatamente, como llamas de fuego, los ángeles arrojarían a la muerte a sus adversarios.

El recurso de nuestro Señor no fue el arma carnal, sino el poderoso motor de la súplica. Es aquí, hermanos míos, donde debe estar siempre nuestro gran lugar de descanso. No mires al brazo de carne, sino a nuestro Dios. Iglesia de Dios, no mires al hombre, sino ve al trono de Dios, al trono de gracia. Iglesia de Dios, no dependas de hombres doctos o adinerados, sino suplica a Dios con fe. La oración es la torre de David, nuestra arma de guerra. Podemos decir a nuestro enemigo: «¿Piensas que ahora no puedo orar a mi Padre?». Que esto sea suficiente para mostrar el gran recurso que tenemos, aún en la noche de mayor angustia.

El poder celestial inquebrantable de nuestro Señor

En el momento que nuestro Señor parecía no tener ningún poder en la tierra, Él demostró que tenía un inquebrantable poder en el cielo. Él dice, en el preciso momento en que está a punto de ser atado y llevado a Caifás: «Mi Padre me daría más de doce legiones de ángeles». Él tenía influencia en el cielo con el Padre, el gran Señor de los ángeles. Podía tener del Padre todo lo que el Padre poseía. El cielo se vaciaría si fuera necesario para satisfacer el deseo del Hijo Amado. El hombre Cristo Jesús, quien está a punto de ser colgado en la cruz, tiene tal poder con el Padre, que únicamente tiene que pedir, y Él recibirá. El Padre le respondería inmediatamente. «En breve me enviará doce legiones de ángeles». No habría demora ni vacilación. El Padre estaba listo para ayudarlo, presto para liberarlo. Todo el cielo estaba preocupado por Él. Todas las bandas angelicales estaban en pie de lucha, y Jesús no tenía sino que expresar su deseo, y en un instante, el jardín de Getsemaní habría estado lleno de seres resplandecientes como la misma Nueva Jerusalén.

Nuestro Señor habla de ángeles que su Padre le daría, o le enviaría. Podemos interpretar que el Padre pondría inmediatamente a su disposición a los gloriosos habitantes del cielo. ¡Piensa en los serafines a disposición del Varón de Dolores! Él está siendo despreciado y rechazado por los hombres, y, sin embargo, los ángeles, superiores al hombre en fortaleza, están a su entera disposición. Veloces con sus alas, ágiles con sus manos, sabios de pensamiento, ellos están felices de ser los mensajeros del Hijo del Hombre, los servidores de Jesús. Piensa en esto, amado, cuando te inclines ante la cabeza coronada de espinas, y cuando mires las manos y los pies clavados; acuérdate que ángeles, principados, potestades y toda clase de espíritus puros, cualquiera que sea el nombre que se les dé, todos estaban a la disposición de Jesús cuando el volvía de su agonía de su oración en Getsemaní y estaba a punto de ser llevado atado al sumo sacerdote Caifás. Él es nuestro Señor y Dios, incluso en su momento de mayor debilidad.

Jesús habla de «doce legiones». Supongo que menciona el número doce como pensando en otorgar una legión para cada uno de los once discípulos y una para Él mismo. Eran solo doce, sin embargo, las innumerables huestes del cielo trabajarían a marchas forzadas para rescatarlos. Una legión en el ejército romano era de seis mil hombres como mínimo. Doce veces seis mil ángeles vendrían en respuesta a un deseo de Jesús. Pero dice: «*mas* de doce…». No puede haber límite para los recursos disponible del Cristo de Dios. Miles de miles llenarían el aire si Jesús quisiera. El grupo que encabeza Judas sería un escuadrón insignificante que sería tragado de inmediato si el Salvador convocara a sus aliados. He aquí, queridos hermanos, la gloria de nuestro Señor, aun cuando es traicionado y arrestado. Si lo era entonces, ¿cuánto más ahora después de que ha dicho: «Toda potestad me es dada en el cielo y en la tierra (Mateo 28:18)»? Tengan presente en sus mentes que Jesús, aun en su humillación, era el Señor de todas las cosas, y especialmente del mundo invisible, y de los ejércitos que lo pueblan. Cuanto más claramente percibas esto, más admirarás el amor que todo lo vence, el perfectamente abnegado amor de Cristo que fue lo que lo llevó a la muerte de cruz.

Detente aquí un minuto para recordar que los ángeles también están a tu disposición. Solo tienes que orar a Dios, y los ángeles os llevarán en sus manos para que vuestro pie no tropiece en piedra (Salmo 91:12). No pensamos lo suficiente en estos seres celestiales; sin embargo, son *todos espíritus ministradores, enviados para servicio a favor de los que serán herederos de la salvación* (Hebreos 1:14). Como el siervo de Eliseo, si tus ojos fueran abiertos, verías la montaña llena de gente de a caballo y carros de fuego alrededor de los siervos de Dios. Aprendamos de nuestro Maestro, y echemos mano de las fuerzas invisibles. No confiemos en lo que se ve con los ojos y se oye con los oídos. Tomemos en cuenta las agencias espirituales, las que, aunque evaden los sentidos naturales, son conocidas por la fe. Los ángeles juegan un papel mucho mayor en los asuntos de la providencia de lo que sabemos. Dios puede levantarnos amigos en la tierra, y si lo hace, puede otorgarnos amigos aún más capaces en el cielo. No hay necesidad de sacar la espada para cortar las orejas de los hombres; pues tenemos recursos infinitamente mejores que trabajarán para nosotros. Ten fe en Dios, y todas las cosas obrarán para tu bien. Los ángeles de Dios consideran un honor y una delicia proteger al más pequeño de los hijos del Altísimo.

LA PERFECTA VOLUNTAD DE NUESTRO SEÑOR EN EL SUFRIMIENTO

Estamos viendo aquí que nuestro Señor sería entregado en manos de pecadores, pero iría con ellos de buena gana. No evitó ir al jardín de Getsemaní, aunque sabía que Judas sabía que estaría ahí y él lo conocía bien. Ninguno de los sufrimientos del Señor fue el resultado de algo que Él hubiese hecho. Ni como Dios ni como hombre sin pecado estaba obligado a sufrir. No había necesidad de que Cristo soportara ninguna de las aflicciones que tuvo, excepto la necesidad de que se cumplieran las Escrituras y se lograra la obra de misericordia que vino a realizar. Él debe morir, únicamente por que es el gran sacrificio de Dios por el pecado; pero fuera de eso, no había ninguna sentencia de muerte sobre Él. Lo azotaron; pero los verdugos no hubieran podido levantar el látigo si Él no lo hubiera permitido. Tuvo sed al estar colgado en el madero, pero Él llena todos los manantiales de agua en el mundo, por tanto, Él no necesitaría tener sed sino no hubiera elegido someterse a ella. Él no murió porque estuviese enfermo o por el fracaso de su fuerza natural; murió por haberse entregado a la muerte para lograr nuestra salvación. Incluso en el momento que era sacrificado, nuestro Señor exclamó en alta voz, para mostrar que su vida estaba todavía en Él. Entonces Él «entregó el espíritu», separándose de la vida que tenía en el cuerpo: Él se entregó voluntariamente a Dios. No le fue arrebatada esa vida por una fuerza superior a su propia voluntad: Él voluntariamente murió como nuestro sustituto. Amemos y bendigamos a Aquel que estuvo dispuesto a sufrir por nosotros.

De hecho, nuestro Señor no estaba simplemente sumiso a la voluntad divina, sino que, si se me permite usar una palabra de alguna forma paradójica, yo diría que Él estaba *activamente sumiso*. Una sola oración hubiera sido necesaria para ser liberado de sus enemigos; pero se contuvo, y se mantuvo en su impulso natural de rogar al Padre. Mantuvo en suspenso el más noble de los dones espirituales, la más selecta de todas las formas de poder: el poder de la oración. Uno pensaría que un hombre bueno orará tanto como pueda, pero en esta ocasión, Jesús puso su mano sobre su poder de oración, como si fuera una espada, y la volvió a meter en su vaina. «Salvó a otros, Él mismo no pudo salvarse»; oró por los demás, pero en este caso, no oraría por sí mismo como podría haberlo hecho. Él no haría nada, aunque fuese una pequeña oración, que se opusiera a la voluntad del Padre. Era tan perfectamente sumiso, tan determinado en lograr nuestra salvación, que se abstuvo de orar para evitar la crueldad de sus enemigos y la amargura de la muerte. Él sabía que esa era la voluntad del Padre, por tanto, no tuvo ningún deseo en oponerse a ella. «La copa que el Padre me ha dado, ¿no la he de beber?». Él no requería de un acto violento para evitar que lo tomaran y lo mataran, Él solo necesitaba hacer una cosa buena: una oración. Ahora Él ha emprendido la obra/el camino de la redención, y debe completarla/o. Tiene tal deseo de que nosotros seamos salvos, tiene tal sed de honrar y glorificar a su Padre en la obra que se ha comprometido a hacer, que Él no se atreve a orar a su Padre para evitar sus sufrimientos.

Esta pregunta es maravillosa: «¿Cómo entonces se cumplirían las Escrituras?». Es tanto como decir: «¿Quién más puede beber esa copa?» «¿Quién más puede pisar el lagar de la ira del Todopoderoso? No, yo debo hacerlo. No puedo poner esta carga sobre otros hombros». Por tanto, *por el gozo puesto delante de Él sufrió la cruz, menospreciando el oprobio* (Hebreos 12:2). Él estuvo dispuesto, sí, estuvo dispuesto de principio a fin a ser nuestro sufriente Salvador. Estuvo dispuesto a nacer en Belén, a trabajar en Nazaret, a que se burlasen de Él en Jerusalén, y finalmente a morir en el Calvario. En cualquier momento podría haber retrocedido, pero el amor siempre lo impulsó hacia adelante. El amor fue más fuerte que la muerte.

Quiero que ustedes, queridos lectores, entiendan que Jesús está dispuesto a salvar. Un Sufridor voluntario tiene derecho a ser un Salvador voluntario. Si murió voluntariamente, debe también tener la misma disposición a darnos el fruto de esa muerte. Si alguno de ustedes quiere tener a Jesús, de seguro puede tenerlo de inmediato. Él se entregó gratuitamente por todos nosotros. Si él estaba tan dispuesto a convertirse en un sacrificio, ¡cuán dispuesto debe estar a que el glorioso resultado de su sacrificio sea compartido para con todos los que vienen a Dios mediante Él! Él se regocija en ser misericordioso; deseo que el encanto de esta verdad impregne tu corazón, así como sucede con el mío. Lo amo mucho, porque veo que en cualquier momento podría haber retrocedido y no redimirme; sin embargo, no quiso retroce. Una sola oración lo habría liberado; ¡pero Él no oró para ser liberado porque nos amó!

«Esta fue la compasión que Dios mostró
Que cuando el Salvador supo que el precio era su sangre
Su misericordia nunca se retiró». [4]

No aflijas al Salvador pensando que Él no está dispuesto a perdonar, que no está dispuesto a recibir un pecador como tú. ¿No ha dicho Él: «Al que a mí viene, yo no le echo fuera»? Lo deleitarás si vienes a Él, quienquiera que seas. Si te acercas a Él con toda confianza, vendrá a ti lo que Él compró para ti en su agonía; y todo el mérito de su muerte fluirá libremente hacia ti. Ven, eres bienvenido pecador.

El gran respeto de nuestro Señor por las Sagradas Escrituras
Él puede solicitar de su Padre doce legiones de ángeles, pero si lo hace, *¿cómo entonces se cumplirían las Escrituras?*

Nota que nuestro Señor creía en la divinidad de las Escrituras. Él dice: «¿Pero cómo entonces se cumplirían las Escrituras?» (Mateo 26:54). Porque si las Escrituras tan solo son escritos de hombres, no hay necesidad de que se cumplan. Si son meras declaraciones falibles de hombres buenos, no veo ninguna necesidad imperativa en que se cumplan. Nuestro Señor Jesucristo insistió en que las Escrituras deben cumplirse, y la razón fue que no se trata de la palabra de los hombres, sino la Palabra de Dios. Las Escrituras eran evidentemente la Palabra de Dios para nuestro Señor Jesucristo. Él nunca juguetea con ellas, ni las contradice, ni predice que se desvanecerán. Más bien, fue el que dijo: «No penséis que he venido para abrogar la ley o los profetas; no he venido

---

[4] Himno titulado *This was compassion like a God* [Esta fue la compasión como de un Dios] por Isaac Watts.

para abrogar, sino para cumplir. Porque de cierto os digo que hasta que pacen el cielo y la tierra, ni una jota ni una tilde pasará de la ley, hasta que todo sea haya cumplido» (Mateo 5:17).

Jesús creía en el origen divino de las Escrituras y también en su inefabilidad. «¿Pero cómo entonces se cumplirían las Escrituras?»; no insinúa que las Escrituras podrían estar un poco equivocadas. Él no argumenta: «Haré descender las doce legiones de ángeles para que me liberen, y no me importa que se anulen las Escrituras», ¡oh, no! las Escrituras deben ser verdaderas, y deben cumplirse, por tanto, Él debe ser entregado en manos de hombres. Él establece como un asunto de necesidad que las Escrituras seas cumplidas hasta en las jotas y en las tildes.

Vean, hermanos, lo invaluable de las Escrituras ante los ojos del Señor. En efecto, él dice: «Prefiero morir antes de que las Escrituras dejen de cumplirse. Iré a la cruz si esto representa que se cumpla la Palabra de Dios». El profeta Zacarías había escrito: «Levántate, oh espada, contra el pastor, y contra el hombre compañero mío, dice Jehová de los ejércitos. Hiere al pastor, y serán dispersadas las ovejas» (Zacarías 13:7). El cumplimiento de esta profecía venció esa noche, y el Hijo de Dios, como pastor de las ovejas, estaba preparado para ser herido, a fin de que la Palabra del Padre no cayera a tierra. *Piel por piel, todo lo que el hombre tiene dará por su vida* (Job 2:4), pero Jesús daría su vida por las Escrituras. Hermanos, valdría la pena que toda la iglesia muriera antes que abandonar cualquier verdad de la Escritura. Que los miles de cristianos sean consumidos en el altar como un holocausto, antes de que las Escrituras sean deshonradas. La Palabra del Señor debe vivir y prevalecer, ya sea que muramos o no. Nuestro Señor nos enseña a valorar las Escrituras más allá de la libertad o de la vida misma.

La fuerza del lenguaje de nuestro Señor va más allá aún. Permíteme repetir estas palabras y ampliarlas: «Cómo entonces se cumplirían las Escrituras que así debe ser». Las Sagradas Escrituras es la transcripción del decreto secreto de Dios. No creemos que existe un destino al azar, lo que sería algo ciego y duro; sino creemos en el designio de Dios, en el propósito firme de un Padre sabio y amoroso. El «Libro del Destino al Azar» es un libro cruel, pero el «Libro de la Preordenación Divina» está lleno de frases encantadoras, y esas palabras que están escritas en la Biblia —las cuales elegimos con alegría—, tienen cumplimiento. Es la voluntad de nuestro Padre que está en los cielos, quien dispone lo que debe de ser, por eso nos entregamos alegremente a lo que Él ha dispuesto. Una vez que estamos seguros de que Dios lo ha decretado, no tenemos luchas, no, es más, ni siquiera tendremos una pizca de deseo de que sea de otra manera. Que la voluntad del Padre sea la ley suprema. Así debe ser. Encontramos un profundo consuelo al decir: [Que Él] «Haga de mí lo que bien le pareciere» (2 Samuel 15:26). Ahora, las profecías de las Escrituras fueron para el Señor Jesucristo la revelación de la predestinación de Dios, es decir, que así tiene que ser, y él gozosamente, incluso sin una oración en contra, se entregó de inmediato a lo que debía de ser, porque Dios lo había querido así de antemano. Si alguno de ustedes no cree en los designios de Dios, probablemente, en algún momento de depresión, atribuirá sus penas a un destino cruel. La mente humana, de una forma u otra, es conducida finalmente a esta decisión, que algunas cosas están más allá del control del hombre y de su voluntad, y que estas están establecidas así necesariamente. ¡Cuánto mejor es pensar que Dios las ha arreglado de esa manera! Allí está la rueda girando, segura e inalterable (Ezequiel 10:12,19). ¿No te consolaría creer que esta rueda llena de ojos se mueve de acuerdo al propósito establecido por el Señor? Ese hombre que dice: «Es la voluntad de mi Padre» es un hombre feliz. Los designios de Dios son tan seguros y ciertos como el destino; pero detrás de él hay una personalidad viva y amorosa, la cual ordena todas las cosas. A esta voluntad nos entregamos alegremente.

Amados, valoremos las Escrituras tanto como lo hizo Cristo; es más lo diré aún más fuerte: valorémoslas aún más, puesto que si nuestro

Señor valoró las Escrituras cuando estaban incumplidas —pues era como un cascarón que luego se llenó de pulpa— ¡cuánto más habremos de valorarla nosotros, para quienes las Escrituras se cumplen en gran medida, porque Cristo ya ha padecido y hecho tal como estaba escrito de Él!

Lecciones de nuestro Señor a cada uno de nosotros

La primera lección es esta: no desees otras fuerzas para la obra de Dios que las que Dios mismo ordena usar. No desees que el gobierno venga en rescate y que apoye a la Iglesia del Señor. No desees que la elocuencia de los ministros y sus encantos, mantengan la fe por la sabiduría de Palabras (1 Corintios 1:17). No pidas que el conocimiento, la posición y el prestigio se pongan del lado del cristianismo, y así la religión se vuelva respetable e influyente. Los medios que Dios quiere que usemos no deben ser vistos por nosotros con ojos codiciosos. ¿No ha dicho Él: «No con ejército, ni con fuerza, sino con Espíritu, ha dijo Jehová de los Ejércitos»? (Zacarías 4: 6). Jesús tiene a su disposición todos esos escuadrones de ángeles; ¿no te gustaría que los usara? ¡Qué glorioso es ver que tenemos ante nosotros estas filas repletas de ángeles y observamos su resplandor! Pero Jesús les pide que se queden quietos y vean la salvación que Dios obrará sin su intervención. A ellos no ha puesto Dios para la sujeción del nuevo mundo; por tanto, no deben intervenir en la redención de los hombres. El conflicto por la verdad debe ser una batalla espiritual entre el hombre y la serpiente: nada más que la fuerza espiritual debe ser empleada, y no por los ángeles, sino por los hombres. El hombre debe vencer el pecado únicamente por los medios espirituales. ¡Mete la espada en su vaina, Pedro! ¡Guarden sus espadas en sus vainas, serafines! La debilidad de Jesús ha hecho más que la fuerza humana o angelical. Su sufrimiento y muerte han realizado la obra que toda la jerarquía angelical jamás podría haber realizado. La verdad debe ganar la pelea. El Espíritu debe subyugar los poderes del mal. Hermanos, no pidan a nadie más que interfiera, tengamos esta pelea en el terreno que Dios ha elegido. Sepamos que Dios es omnipotente en el reino de la mente, y que por su verdad y Espíritu vencerá. Él no estima aquellas armas que no sean las del argumento, la persuasión y la iluminación del Espíritu: ni siquiera deseemos echar mano de alguna fuerza que él no ha ordenado usar.

Y luego, cuídate de no usar otras fuerzas que las que estén a su alcance para la promoción del reino celestial. Cuando discutan por la verdad, no se enfaden, pues esto sería pelear las batallas del Señor con las armas del diablo. No desees oprimir a una persona cuyas opiniones son erróneas o incluso blasfemas. El uso de sobornos para la propagación de opiniones es mezquino, y el rechazar hacer obras de caridad para con aquellos que difieren de nosotros en sentimientos es detestable. No permitas que la amenaza escape de tus labios, ni que el soborno contamine tu mano, no es así como deben librase las batallas por la verdad. Si alguna vez te sientes inclinado a cerrar la boca a un hombre deseándole el destierro, la enfermedad o cualquier tipo de mal, apénate contigo mismo, que un pensamiento tan poco cristiano haya entrado en tu cabeza. Deseo solo el bien para el más perverso de los hombres. Si peleamos para defender a Cristo, nuestro pleito le ofendería. El rey francés se enteró de las crueldades perpetuadas contra nuestro Señor, y exclamó: «¡Oh, si yo hubiera estado allí, con una tropa de mis guardias, habría cortado en pedazos a los villanos!» Sí, pero Jesús no quiso al rey de Francia ni a sus guardias: Él no vino a destruir la vida de los hombres, sino a salvarlos. Él Señor Jesús desea que ustedes, hermanos míos, luchen por él con su fe, con su vida santa, con su confianza en la verdad, con su confianza en el Espíritu de Dios; y cada vez que tu mano comience a sentir comezón por la empuñadura de la espada, entonces puedes escucharlo decir: «Mete tu espada en la vaina». Él vencerá por amor, y sólo por amor. Si en este momento tuviera la capacidad de tomar a mi iglesia y dotarla de estabilidad, de toda sabiduría, de talento y de la elocuencia que ahora adornan a la sociedad, y si pudiera hacerlo con tan solo una oración, yo debería dudar mucho en hacer tal petición. Estas cosas podrían convertirse en ídolos y provocar a celos al Dios viviente. Infinitamente mejor para nosotros es ser pobres y débiles y desprovistos de lo que es estimado a los hombres y luego ser bautizados en el Espíritu Santo, que volvernos fuertes y estar apartados de nuestro Dios. No luchemos esta guerra sino con armas santificadas, y con aquellas que Dios designe. Si hablamos la verdad en el poder del Espíritu de Dios, no tendremos temor del resultado. Al final, podemos escuchar a Cristo decir: «Yo podría orar a mi Padre y recibir de inmediato escuadrones de ángeles, pero no oraré así, porque mi reino vendrá de otra manera».

Y la siguiente lección es esta: nunca intentes escapar del sufrimiento a expensas de la verdad: «¿Cómo, pues se cumplirían las Escrituras?». En otras palabras, Cristo está diciendo. «Puedo escapar de ser arrestado y atado, de ser convertido en un delincuente; pero entonces, ¿cómo se han de cumplir las Escrituras?». ¿Te gustaría estar toda la vida protegido de todo tipo de aflicción? Creo escuchar a muchos decir: «Sí, así debería ser». ¿Te gustaría? ¿te gustaría estar siempre libre de enfermedad, de pobreza, de afanes, de duelos, de calumnia, de persecución? Pero si esto es así, ¿cómo entonces sería cierta esta palabra que dice: «He aquí te he purificado, y no como a plata; te he escogido en horno de aflicción» (Isaías 48:10). ¿Qué significado tendría este otro texto que dice: «¿Qué hijo es aquel a quien el padre no disciplina?» (Hebreos 12:7). También Jesús dijo: «Si alguno quiere venir en pos de mí, niéguese a sí mismo, y tome su cruz, y sígame» (Mateo 16:24). ¿Serás tú una excepción a la regla? Oh, no te resistas a sufrir, porque al hacerlo, puedes estar luchando contra Dios. Cuando Pedro desenvainó su espada, inconscientemente estaba luchando para evitar nuestra redención. Cuando luchamos contra la tribulación o la persecución, podemos estar negándonos a recibir un beneficio incalculable. ¿Deseas cabalgar por el mundo como un príncipe o princesa? No desees un destino así, porque este es peligroso, pues, ¿cómo entonces se cumplirían las Escrituras de que el discípulo no es más que su maestro? (Mateo 10:24ff). Inclina tu espíritu ante la majestad de las Escrituras, y soporta pacientemente todas las cosas por el bien de los elegidos.

Una vez más te digo, nunca tiembles cuando la fuerza no parece estar de tu lado. Puedes visualizar a los fariseos y sacerdotes y aquella banda de gente aproximándose a Jesús para arrestarlo, pero Él no tuvo miedo. ¿Por qué habría te tener miedo? Él podía solicitar doce legiones de ángeles para derrotar al enemigo, y todo hombre que sabe que tiene un respaldo poderoso detrás de él puede caminar hacia una emboscada sin miedo. La multitud piensa que ante ellos se encuentra un simple hombre, un hombre débil, extramente enrojecido con un sudor sanguinolento. ¡Ay! No lo conocen, ni a Él ni a su Padre. Tan solo basta con que dé un silbido y detrás de los olivares, y de los muros del huerto, y de debajo de cada piedra de ese lugar, emergerán guerreros más poderosos que los del César, guerreros valientes que consumirían a los más poderosos ejércitos de la tierra. Tan solo uno de ellos mató de los ejércitos de Senaquerib a 185,000 hombres en una sola noche. Otro hirió a los primogénitos de Egipto en una sola noche. ¡Piensa lo que doce legiones de ellos podrían lograr! Hermanos, todos estos santos seres celestiales están de nuestro lado. «¡Oh, pero hay tantos en contra nuestra!» Sí, sé que los hay; pero más son los que están por nosotros. Todos los millares del cielo son nuestros aliados. ¿No están todos ellos tan solo en espera de una llamada? ¿Quién desea esperar hasta que el gran Comandante en Jefe decida que ha llegado la hora de movilizarlos? Esperemos pacientemente hasta que Él descienda del cielo con voz de mando, con voz de arcángel y con trompeta de Dios. ¡Entonces las reservas de ángeles de cielo emanarán del cielo, y engrosarán la pompa de la gran aparición! ¡Espera hasta ese momento! «Con vuestra paciencia ganaréis vuestras almas» (Lucas 21:19). El Señor Jesús esperó; sus ángeles esperan; su Padre esperó. Todos ellos están todavía esperando. La longanimidad del cielo todavía corre como un hilo de plata a través de los siglos. Jesús vendrá con sus ángeles en toda la gloria del Padre; pero no dejes de soñar que Él vendrá en cualquier momento o serás acusado de ser negligente en cuanto a su promesa. Desea que Él venga mientras estás con vida y está siempre apercibido de ello; pero si demora, no desmayes. Si se demora otro siglo, no os canséis; si intervinieran otros mil años entre nosotros y el brillante día de su aparición, permanezcan firmes, cada uno en su sitio, sin temer nada, sino levantando vuestros estandartes en el nombre del Señor. «Jehová de los ejércitos está con nosotros; Nuestro refugio es el Dios de Jacob» (Salmos 46:7). No es que nos falten fuerzas, es solo que Dios no las provee en ocasiones porque quiere que nuestra debilidad sea instrumento de sus más majestuosas conquistas. Señor, estamos contentos confiando en ti, y esperamos pacientemente, pero no nos dejes, te lo suplicamos. Amen.

CAPÍTULO 4
Dulce paz para los creyentes aprobados

«Estas cosas os he hablado para que en mí tengáis paz. En el mundo tendréis aflicción; pero confiad, yo he vencido al mundo»
(Juan 16:33).

Estas deleitables palabras de nuestro Salvador fueron pronunciadas en el último de sus sermones antes de ir al Padre. Atesorémoslas como las últimas palabras de un hombre maravillosamente completo, y este sermón es una sola pieza que se completa con su última frase, la cual se eleva por encima de todas las demás súplicas de los hombres. Este es un discurso de despedida que ocupa solo un breve espacio en las Escrituras, pero los pensamientos que sugiere son tantos, que supongo que el mundo mismo difícilmente podría contener los libros que podrían escribirse sobre él. Nuestro Señor tardó solo un momento en pronunciar algunas de sus frases, pero nos llevará toda una vida entenderlas por completo. Tal vez nunca entenderemos algunos de estos dichos llenos de gracia hasta que hayamos desechado todas las niñerías, y hayamos llegado a la plenitud de la estatura del hombre Cristo Jesús. Nunca veremos toda la riqueza de la gracia de este sermón hasta que nos hayamos elevado más allá de estas nieblas y nubes a la atmósfera más clara de los cielos sin nubes. Cuando lleguemos a esa feliz patria, cuando nos elevemos a una condición más noble y podamos comprender mejor las cosas profundas de Dios, acerca de las cuales, nuestro Salvador habló en su discurso supremo. Mientras tanto, apliquemos nuestra mente y corazón a la consideración de estas últimas palabras del más grande de todos los predicadores, el más querido de todos los maestros; ¡y que el Espíritu de Dios abra nuestro entendimiento!

La predicación del Señor es eminentemente práctica, jamás encontrarás una sola frase del Señor pronunciada tan solo para llenar un espacio; tampoco hace introducciones aquí y allá, ni trata de adornar sus discursos; nunca pronunció algo innecesario tan solo para exhibir sus conocimientos sobre el tema (aunque estas cosas sean muy necesarias para el orador). Ninguna cosa pequeña ni egoísta jamás gobernó la mente de Jesús. Antes bien, el Señor hace que todo lo que Él diga tenga mucho significado para sus oyentes, y se concentra en ese objetivo. Se mantiene firme en ello, insistiendo constantemente en ese punto, y habla con el único deseo de que la verdad llegue al corazón y sea de bendición para el oyente. Por lo tanto, adoptó en esta ocasión el método de resumir lo antes dicho. Así que dice: «Estas cosas os he hablado para que en mí tengáis paz».

Si este era el objetivo de nuestro Señor, no dudo que lo haya cumplido plenamente. Todo lo que había dicho anteriormente tenía que producir paz en el corazón de sus discípulos; pero sabía que sus mentes estaban oscurecidas, que todavía tenían muy poca capacidad, y por eso, con su infinita ternura, les dijo —como quien le diría a un niño—, lo que pretendía producir su discurso.

Apreciamos en gran manera la conclusión del ministerio del Salvador. Algunos lo apreciamos más por el hecho de que nuestro Señor terminó como comenzó. Él es nuestra paz; vino a traer esa paz, y nos la dejó al irse. Incluso antes de haber comenzado la obra de su vida, se anunció de Él que había venido a traer paz a la tierra, y buena voluntad para con los hombres (Lucas 2:14). Y antes de ser arrestado, las últimas palabras deben ser, necesariamente, «La paz os dejo, mi paz os doy». Era necesario que terminara así su ministerio, predicando la paz, como una bendición de despedida. Apuntando ese mismo objetivo de nuestro Salvador, en este capítulo hablaré en primer lugar de que el creyente en Cristo tiene paz en Él; en segundo lugar, que el creyente en el mundo tiene tribulación; y en tercer lugar que el creyente en el mundo y en Cristo tiene victoria, «pero confiad, yo he vencido al mundo» (Juan 16:33).

El creyente en Cristo en referencia a su paz

Jesús dice: «… para que en mí tengáis paz». Es digno de consideración cuidadosa que, en Jesús mismo, siempre estuvo presente una paz permanente. Él tenía paz. Si Él mismo no hubiera podido tener paz, nosotros no podríamos tenerla tampoco. ¡Pero, oh, que santa calma reina en el espíritu de nuestro divino Maestro! Lee acerca de la vida del Señor y reflexiona sobre cualquier característica encantadora, y lo encontrarás perfecto; pero si lo estudias detenidamente para notar su virilidad, su autodominio, su porte tranquilo y pacífico en medio de la agitación y la provocación, encontrarás que Él es un Maestro en el arte de la paz. Realmente de paciencia estaba hecha su alma: nunca hubo hombre alguno con tantas razones para estar perturbado, pero no hubo ninguno tan menos perturbado que Él. No podía apartarse de nada de lo que había decidido hacer, pues disponía su rostro como un pedernal; y al hacerlo, no podía ni emocionarse ni desanimarse, pues su espíritu no era de este mundo cambiante. Los hombres podían oponérsele, pero Él soportó la gran contradicción de pecadores contra sí mismo con maravillosa longanimidad. Aunque sus ansiosos e insensatos discípulos intentaban empujarle hacia adelante o lo retenerlo, ninguno de ellos logró hacerlo cambiar de dirección; más bien, se aferró con firmeza, y puesto su uniforme de soldado, con su alma morando en Dios, dando gloria a su Padre y descansando en el poder eterno y en la Deidad que sabía que estaba siempre de su lado, encaminó sus pasos. El trasfondo de la vida de

Cristo es la omnipresencia del Padre. Dondequiera que lo veas, inclusive si lo ves completamente solo, cuando los discípulos lo hubieron abandonado, verás este texto expuesto: «Me dejaréis solo; mas no estoy solo, porque el Padre está conmigo» (Juan 16:32).

Ahora bien, el hecho de que Cristo Jesús sentía la presencia del Padre, y de que no era de que hablara ocasionalmente con Dios, sino de que Dios *moraba* en Él; ni de que recurriera a Dios como a un recurso improvisado en tiempo de angustia, sino de que Dios *vivía* en Él en todo momento, esto fue algo que mantuvo su espíritu por encima de todo aquello que pudiera distraerlo, y eso era lo que llenaba su alma de una paz inquebrantable. Incluso no se quebrantó esa paz en Getsemaní, pues cubierto de un sudor sanguinolento todavía grita: «No sea como yo quiero, sino como tú». Su alma estaba triste hasta la muerte; sin embargo, Él sabe dónde está su Padre, y se aferra a Él, y mantiene su intimidad con Él. Él sabe que una sola y sencilla oración es suficiente para que le fueran enviadas doce legiones de ángeles para rescatarle. Tal es la posición de favor que todavía ocupa con Dios, incluso cuando el pecado de toda la raza humana es puesto sobre él. Oh, amigos, Cristo tiene paz suficiente y de sobra. Él mismo es, personalmente la fuente inagotable de paz, y por ello podemos comprender que en Él siempre encontraremos paz. Un hombre tranquilo y silencioso en ocasiones es capaz de esparcir paz, mientras que la compañía de otro podría significar, en la misma circunstancia, terror. Un Pablo de pie en un barco que se hunde salva a todos de la ruina debido a su valor inamovible, y un Cristo, solo un Cristo como el nuestro, al constituir su iglesia, convierte una horda de cobardes en un ejército de héroes. Su paz infinita inspira paz en nuestros espíritus vacilantes. Descansamos porque vemos cómo Él descansa.

Ahora bien, como el Maestro tenía paz en sí mismo, tenía un fuerte deseo de que todos sus discípulos tuvieran paz. La paz era su pasión dominante, aun en estos momentos, cuando estaba muy cerca de su pasión, cuando estaba a punto de ir al Getsemaní, y luego al Gólgota. En voz baja dijo: «Estas cosas os he hablado para que en mí tengáis paz». Nuestro Señor Jesucristo se deleita en ver a su pueblo firme, tranquilo y feliz. No creo que esté contento de ver a su pueblo ansioso (aunque hay algunos que piensan que una gran expresión de la gracia solo es manifiesta con el delirio). ¡Nada de eso! La religión de un Jesús tranquilo nunca tuvo la intención de llevarnos al borde de la locura: «No contenderá, ni voceará, Ni nadie oirá en las calles su voz» (Mateo 12:19). Su Espíritu Santo no es un cuervo ni un águila, sino una paloma: su santa influencia es poderosa y, por lo tanto, tranquila. La debilidad se apresura, se enfurece, grita; porque tiene necesidad de hacerlo; pero la fuerza se mueve con su propia serenidad deliberada y realiza su propósito. A los que piensan que los santos deberíamos de ser maniacos, Jesús les dice: «¡Paz! ¡Paz!».

Por otra parte, estamos bastante seguros de que nuestro Señor Jesús no desea que sus discípulos estén deprimidos. Para algunos, el color apropiado para la piedad parece ser gris, monótono o de luto total. Pero no es así: los santos están vestidos de lino blanco, que es emblema tanto de alegría como de pureza. El Salvador no quiere que sus discípulos vayan por el mundo como en un crepúsculo de tristeza, susurrando con miedo (debido a los juicios venideros) y reprimiendo toda alegría debido a los males que los rodean. No, hermano, Jesús quiere que todos seamos felices en Él, y tengamos una quietud como la suya. Él no era uno que hacía reír, ni que provocara risas; sin embargo, aún así, estaba serenamente confiado, y quería que nos mantuviésemos de la misma manera y estuviéramos en paz: «Estas cosas os he hablado para que en mí tengáis paz».

Tenemos un gran propósito para servir, tenemos una gran vida para vivir; tenemos un gran Consolador, listo para ayudarnos si creemos en Él; por lo tanto, no necesitamos tocar trompeta antes de comenzar, ni necesitamos hacer un alboroto cuando estamos en medio de nuestro servicio, ni necesitamos acostarnos en el suelo como si fuésemos los más miserables de los hombres a causa de nuestra vocación celestial. No, antes bien, podemos decir: «Jehová de los ejércitos está con nosotros; Nuestro refugio es el Dios de Jacob» (Salmos 46:11), y caminar con Dios por la vida en esa santa quietud que brota de una fuerza consciente. Disfrutemos de la calma del corazón que proviene de saber que las reservas de Dios son infinitas, y que en cualquier momento pueden venir al frente y librarnos en caso de que ocurra una emergencia. ¡Oh, que pudiéramos aprender de Cristo el arte de la paz! Él desea que la tengamos. Entonces no deberíamos estar tan a menudo arriba y tan rápidamente abajo, hoy rebosantes, y mañana vacíos; en un momento bien activos, y en otros momentos lentos; de pronto excesivamente regocijados, mientras que al siguiente día innecesariamente deprimidos. No debemos ser móviles como las olas, sino fijos como las estrellas. No debemos ser como los cardos, el juguete de todos los vientos, sino como el Pico Granito [montaña en el estado de Montana, EE.UU.] que desafía las tormentas de los siglos. «Estas cosas os he hablado para que en mí tengáis paz». El Señor Jesucristo nos ayude a conseguir esta paz y sostenerla. Así que, el Señor deseó que nosotros tuviésemos paz, y Él mismo tenía paz abundante.

LAS PALABRAS DE JESÚS PARA LOGRAR PAZ
Pero ahora observa de nuevo el pasaje, y te darás cuenta de que Jesús habla de ciertas palabras para que esa paz fuese posible: «Estas cosas os he hablado para que en mí tengáis paz». Os hará bien, leer el capítulo anterior, y fijaros con diligencia en lo que dijo el Señor Jesús para dar paz a sus discípulos, porque eso mismo nos dará paz a nosotros. Si te parece bien, puedes empezar desde el capítulo 15 o inclusive desde el 14, en donde dice: «No se turbe vuestro corazón...». Cuando estés en ello, puedes, si lo deseas, recorrer todo el libro, ir hacia atrás o hacia adelante, buscando la paz como una perla, y de seguro la encontrarás; porque el gran objetivo de todas las Escrituras —que en el sentido más profundo

fueron palabras dichas por Jesucristo— es que tengamos paz. Pero en especial, detengámonos en este capítulo 16 de Juan, porque a estas palabras alude principalmente.

Veamos pues, ¿qué les dijo para que tuvieran paz? Una cosa fue que predijo sus pruebas. Él les dijo: «Os expulsarán de las sinagogas; y aun viene la hora cuando cualquiera que os mate, pensará que rinde servicio a Dios» (v.2). Aprende entonces que una forma de obtener paz es reflexionar sobre ello, que se nos prometen pruebas, que la prueba está en el pacto, que la persecución y la mala voluntad del mundo impío son males que estás obligado a soportar. Te están garantizados por el mismo hecho de que estos impíos son parte de la simiente de la mujer cuyo calcañar ha de ser herido; y vendrán a ti de acuerdo a tu medida. Espere ver nubes y lluvias si vive en Inglaterra; si esta isla es donde tú moras, no podrás encontrar el clima de la India; tampoco debes quejarte del invierno y de las heladas, porque estos son parte de la herencia de un británico. Debes tomar lo áspero junto con lo suave. Cuando os sucedan persecuciones y aflicciones sumamente severas, para el adversario será indicio de perdición, más para ti, estas cosas serán señales evidentes de la veracidad de la Palabra de Dios, y de que eres tú mismo un verdadero descendiente de la línea del Salvador que fue perseguido y que dijo: «El siervo no es mayor que su señor. Si a mí me han perseguido, también a vosotros os perseguirán» (Juan 15:20). Entonces, familiarízate con el juicio. Maravíllate cuando no venga; y cuando venga, di: «¡Ah! Eres un viejo conocido mío. Existe tal cosa como llevar la cruz hasta que estés tan acostumbrado a ella que casi te sentirás incómodo sin ella. Puedes llevar una carga sobre tu espalda por tanto tiempo que, si te la quitan, sentirás que la extrañas. El Señor ha hecho que algunos de sus hijos se encariñen con la cruz. Así sucedió con Rutherford. Dijo finalmente que tenía miedo de que la cruz, que se había vuelto tan dulce para él, pudiera rivalizar con el mismo Cristo. Nunca siento miedo de eso yo, porque el dolor es muy temido por mi carne cobarde; pero supongo que hay santos que han llegado a sentir que lo amargo es tan benéfico, que preferirían su tónico a la copa más dulce. Es un gusto adquirido, sin duda, pero el que lo tiene estará en paz con los problemas. Te será de gran ayuda para alcanzar la paz si esperas un trato rudo mientras seas un peregrino en este mundo malo.

Lo siguiente que dijo para consolarnos fue esto: la razón por la que se iba. A menudo es una bendición selecta, cuando tienes una gran prueba, saber para qué se te ha enviado. Una sabia petición —si no se le lleva demasiado lejos— delante de Dios es esta: «Hazme entender por qué contiendes conmigo» (Job 10:2). El Salvador se iba, porque les convenía que Él se fuera. ¿No quita el aguijón a la prueba el saber por la fe que es conveniente que tal o cual dolor? Si es conveniente que el amado niño sea quitado de tus brazos, si es conveniente que tú mismo seas golpeado por una enfermedad que ninguna fe eliminará, entonces te inclinas ante la sabiduría divina. El Dios que está encima de todos tus temores, y que todas tus esperanzas, tal vez quiera que la aflicción permanezca hasta que se levante el cerrojo del cielo, y te lleve a un descanso eterno. Ahora, cuando el Salvador les dijo por qué se iba, la información condescendiente estaba destinada a producir paz en sus corazones. También les dijo por qué son enviadas las pruebas: porque ellas obran un bien duradero, por ello, tengan paz, descansen.

Además, para darles paz, el Salvador luego les habla del Espíritu Santo, el Consolador, y de lo que haría el Consolador. Se extendió sobre ese tema, ya que era muy alentador. Amados, si queréis la paz, pensad mucho en el Consolador. No te quedarás solo. No os quedaréis sin la más tierna simpatía de Aquel que sabe alegrar el corazón más apesadumbrado. No te quedes sin un Amigo, el cual sabe alegrar el corazón más apesadumbrado. No te quedes sin un amigo, el cual es capaz —más que todos los demás amigos— de entrar en tus penas secretas y administrarte los consuelos más poderosos. Piensa mucho en el Espíritu Santo, en su oficio de Consolador, y su mediación fomentará la paz de tu espíritu.

¡Qué mal tratamos al Espíritu Santo con nuestros pocos y superficiales pensamientos acerca de Él! Adorémoslo de ahora en adelante con más profundo amor y reverencial.

Luego les habló del poder de la oración. Él dijo: «Todo cuando pidiereis al Padre en mi nombre, os lo dará» (v. 23), y otra vez: «Si permanecéis en mí, y mis palabras permanecen en vosotros, pedid todo lo que queréis, y os será hecho» (Juan 15:7). ¡Qué refrescante soplo de paz es para el cristiano recordar que puede orar, y que esa oración es escuchada en el cielo! Hay un ruido en las calles, hay un alboroto dentro de las puertas, incluso tu propio corazón está perturbado; ¿qué entonces? Oremos. El remedio para los males desconocidos es la oración. ¡Oh, paz que viene del propiciatorio! Todo aquel que está familiarizado con la oración puede dar testimonio de que la oración sofoca las tormentas, y calma los ciclones. Solo ora, y serás dueño de la situación. Como tu Maestro, puedes caminar sobre las olas del mar, cuando tienes el poder, en su Nombre, para hablar a esas olas y ordenarles que se aquieten; y Él te da ese poder cuando te acercas a Él orando con fe.

Todo esto produce paz; pero como si esto no fuera suficiente, nuestro tierno Señor dejó escapar una palabra preciosa que debe dar paz a todas nuestras mentes: «El Padre mismo os ama» (v. 27). El amor de Dios Padre es un tesoro de paz. Y nos ama, no movido por su Hijo, sino por su propia voluntad, nos ama. ¡Oh, cómo algunos han calumniado al Padre, de que el Hijo necesita rogarle que nos ame, que necesita persuadirle! No, no es así. Dios amó a su pueblo, y por eso envió a su Hijo para redimirnos. «Porque de tal manera amó Dios al mundo, que ha dado a su Hijo unigénito» (Juan 3:16). Cristo no es la causa del amor divino, sino el fruto más dulce y la mejor expresión de ese amor. «El Padre mismo os ama». Por tanto, tened buen ánimo, y que vuestra paz sea como un río.

Y luego, queridos lectores, les confirmó la fe en sí mismo. Les habló de tal manera que al final ellos dijeron: «Ahora estamos seguros. En esto creemos…», y así sucesivamente. Esta es la manera de conseguir la paz. La paz viene por el camino de la fe. Aquellos de ustedes que son muy aficionados a las deudas, tal vez puedan decirme si alguna vez obtuvieron alguna paz de ellas. El tiempo es mal utilizado cuando estudiamos libros que están diseñados para sacudir nuestra fe. Esto es como comer alimentos que de seguro nos enfermarán. Hay ciertos hombres que estudian las Escrituras con el afán de encontrar dificultades en ellas; y si no pueden encontrarlas en la versión en inglés, van a otra traducción. Esto es tan tonto como si rehusáramos comer nuestro budín de Navidad para morder los huesos de las ciruelas, o los terrones duros de azúcar que pudieren quebrarnos un diente. El gran objetivo de algunos hombres parece ser encontrar en la Biblia algo que no puedan creer: por mi parte estoy encantado con lo que creo. Cultivan dudas, mientras que un hombre sabio las considera como cizaña y las quema en un montón. El Señor sabe que hay suficiente dolor en este mundo como para trabajar y hacer más. Así es que me gustaría preguntar a todos esos críticos y grandes descubridores si creen que sus descubrimientos tienden a crear paz en sus propias mentes o en las mentes de los demás. Yo creo, y luego, obtengo paz. Creo y estoy seguro; entonces mi paz es como un río, y mi justicia como las olas del mar. Lutero nos cuenta cómo encontró la paz cuando alguien le dijo: «Creo en el perdón de los pecados». ¡Oh, si uno creyera lo que profesa creer! ¡Quiero decir: creer completamente! De esa manera se encuentra la paz, en creer hasta el final. La manera infantil de sentarse a los pies de Jesús y recibir sus palabras: este es el camino de la paz. Al final, la consecuencia de las sutilezas y las cavilaciones se traduce en espinas y abrojos, cosas que desgarran la carne y el espíritu. Estas cosas dijo Cristo para que creyeran en Él, porque bien sabía que la victoria que vence la prueba es la fe, y no la duda. Creer, y no cuestionar, es el camino del Rey.

En mí tendréis paz

Debo hacer notar que el deseo de nuestro Maestro de que tuviésemos paz está supeditado a estas dos palabras: «en mí», «para que en mí tengáis paz». Por tanto, ninguno puede obtener paz por él o ella mismo (a). Uno que busca la paz fuera del Señor, tendrá que revolver mucho estiércol antes de encontrar la joya de la paz. Nuestro Señor ni siquiera habló de que podríamos encontrar paz en ordenanzas externas o en ejercicios religiosos. Sin duda es muy tranquilizador leer un capítulo de la Biblia o asistir a un servicio o participar de la cena del Señor, pero estas cosas, por sí mismas, no nos dan paz. Estos pueden ser *medios* para la paz, pero la paz siempre estará en Él mismo, en su Persona bendita. Debemos llegar a Él, porque ese es su deseo, «para que en mí tengáis paz»; no solo paz en Él, pero paz siempre en Él. La paz más profunda, la más verdadera, la más constante y la más enfática, tan solo se encuentra en Jesús. Él es paz en todas las épocas y en todas las dificultades; paz para siempre. Todo esto está en Él, y solo en Él. Fuera de Él todo está agitado, todo es preguntas, nieblas, neblina y miedo; sin embargo, en Él habitamos como en un redil en donde las ovejas se acuestan y descansan. Estar en Él es estar en un hogar en donde todo es amor y consuelo. Hermanos, hermanas, no nos desviemos de este sagrado centro de sereno reposo, pues esto es desviarnos de la paz. Este es el Hombre que nos dará la paz y el descanso: el Hijo de Dios, acerquémonos pues a Él. Su deseo es que su gozo esté en nosotros, por eso dice: «Estas cosas os he hablado para que en mí tengáis paz».

El creyente en el mundo

«En el mundo tendréis aflicción». El creyente en el mundo se encuentra como el trigo en el molino, pues dice el texto: «En este mundo tendréis aflicción».

En primer lugar, no serás inmune a ningún tipo de problema. Estás en Cristo, y el Salvador te salva de tus pecados, pero no ha prometido que no tendrás tristeza. Él no ha prometido protegerte de la pobreza, de las fatigas, de la enfermedad, de la calumnia o de cualquiera de los males comunes de la humanidad. Algunos de los mejores de entre sus amados han sido bendecidos mediante una disciplina secreta de dolor, de tristeza y de miseria. Entre los tesoros que Tu Señor otorga está una cruz; tú puedes responder y decir: «Eso no, Señor»; pero Él responde: «Sí, eso sí, hijo mío». Pero te diré algo: la cruz es el mejor mueble de tu casa, aunque a veces hayas deseado que no esté ahí. Siempre obrará para tu bien, ahora mismo lo hace. Algunos de los consuelos que la providencia nos ha otorgado pueden ser benéficos o no en tu vida de acuerdo a tu propia pecaminosidad y debilidad; pero la cruz que el Señor te ha asignado no tiene más efecto sobre ti que el bien. Es un árbol amargo en apariencia, pero es una medicina saludable. Tómalo, hijo de Dios, plántalo, déjalo crecer, y su fruto será dulce. No somos inmunes a la tribulación, pero se nos promete, y es para nuestro bien.

Tampoco somos favorecidos con la promesa de ser admirados por los impíos. «En el mundo», eso se refiere, no meramente a este estado presente, sino al mundo impío; y en él —dice Jesús—, tendremos aflicción. Los mundanos no se reunirán a tu alrededor para admirar tu excelencia ni para alabar tu piedad. Si lo hicieran, pensaría o que el mundo ha cambiado, o que se han equivocado contigo. ¿Podría ser alguna de estas dos opciones? No creo que pueda ser que el mundo haya cambiado; a los mundanos les podrán gustar algunos aspectos externos de un cristiano; pueden admirarlo porque se benefician de él de alguna manera; pero como cristiano, no pueden amarlo. Eso es imposible. Hay enemistad entre la simiente de la serpiente y la simiente de la mujer; y es mejor que entiendas que esto es así, porque la serpiente no ha cambiado su naturaleza, sino que es todavía un vil engañador y destructor. Todavía exhibe sus escamas relucientes y nos habla con tanta astucia y lisonja como lo hizo con nuestra madre Eva; y tal vez, a ti te dice que te ama más de lo que te puede decir; solo que tú ha sido tan antipático y desconfiado que nunca le has dado oportunidad de mostrarte afecto. Él quiere que creas que eres alguien que puede volar muy alto, pero que requiere que seas menos puritano; y entonces, él podría presentarte a sus queridos amigos e hijos. No lo dejes hablar más, golpéalo en la cabeza, pues no tiene nada bueno que darte. El diablo rugiente es el que menos odio de todos los demonios; no así el diablo adulador: este es el peor de todos. Cuando pienses que el mundo te ama no le creas, está fingiendo, comprende que es precisamente en ese momento cuando más te odia; solo que está cebando cuidadosamente su trampa para atraparte y arruinarte. Cuidado con el beso de Judas, con el que Cristo fue traicionado, y con el que ustedes serán traicionados a menos de que estén bien alertas.

El texto expresa esto de una manera tan amplia que parecería que implica que tendremos tribulación a menudo. La aflicción no siempre se presenta, pero es bueno estar siempre preparados para cuando venga. Hay momentos en los que disfrutamos de prosperidad, inclusive hay algunos cristianos que la disfrutan mucho, pero no se alarmen de ello, porque si la providencia de Dios se las envía, no es algo nocivo en sí mismo, y ha de aceptarse sin sospecha. Recuerdo que una persona vino a mí una vez y me dijo que había orado para que le viniese aflicción. Y yo le respondí: «Querida alma, querida alma, no seas tontita. Ya tendrás bastantes problemas sin pedirlos. Si un niño le pidiera a su padre que le permitiera endeudarse, este sería un niño bastante extraño, y creo que probablemente no repetiría el experimento si tuviera un hombre práctico por padre. ¡No, no, no! Ese no es el camino del deber. Si Dios nos ahorra tribulaciones, seamos agradecidos con Él; pero si las permite, seamos igual de agradecidos. Esto último es una lección difícil de aprender, pero debemos aprenderla. Es normal que suframos tribulación, pues desde nuestro nacimiento, fuimos preparados para soportarla, es algo tan natural como las chispas que vuelan hacia arriba. También es cierto que nuestro segundo nacimiento nos conduce a una segunda serie de tribulaciones. Lo que dice esta canción es algo muy cierto:

«Pobres y afligidos, eso es su suerte,
Ellos lo saben, y no murmuran;
Y sería malo que se negaran a vivir
Aquello que su Maestro se dignó para ellos elegir». [5]

De nuevo, definitivamente, en el mundo tendréis tribulación. Si alguien más tiene tribulación, tú la tendrás; pero si nadie la tuviese, tú la tendrás. La tendrás, quizá, donde menos la desees o donde menos pienses. «Los enemigos del hombre serán los de su casa» (Mateo 10:36). «Cualquier cruz, menos la que tengo» —gritó uno. Seguro no sería cruz si te dieran a elegir, porque esencial en la cruz, que esta vaya en contra de nuestros gustos. Debe ser algo que a nuestra carne no le guste, que no es por el momento algo que cause gozo sino dolor. Así lo dice nuestro Señor: «En el mundo tendréis aflicción». Me pregunto quién de nosotros lo ha encontrado así. Creo que la mayoría de nosotros —al menos todos los que conozco— podemos afirmar que la profecía del Señor se ha cumplido constantemente. ¿No ha sido este mundo un lugar de dolor desde que Adán quebrantó el mandado de su Hacedor? ¿No salió de los labios del Creador: Espinos y cardos te producirá [la tierra]? Polvo eres, y al polvo volverás. Sin embargo, para el caso de un cristiano, este debe esperar encontrar tribulación y angustia, pues este mundo está bajo el maligno (1 Juan 5:19). El cristiano no es de este mundo, así como Cristo no es del mundo. Él es un alienígena, un peregrino. ¿Esperas tener las comodidades del hogar mientras demoras aquí? Es un mundo que no congenia con su naturaleza espiritual. No hay nada en él que te pueda ayudar. Este mundo no es amigo de la gracia, más bien, es su enemigo; por tanto, quien ha recibido la gracia del Señor debe tener tribulación. Si ha de ser como su Señor, ciertamente la tendrá; y si ha de ser como el pueblo del Señor, ciertamente la tendrá, porque es linaje de los que

---

[5] Canción titulada *Poor and Afflicted*, por Thomas Kelly (1769-1855).

llevan la cruz. No hay excepciones a esta regla si se toma la vida entera de cualquier creyente, aunque por un tiempo ciertos hombres favorecidos puedan parecer los mimados de la providencia. Job multiplicó sus riquezas y habitó cómodamente teniendo un cerco a su alrededor. Pensó, tal vez, que nunca tendría ninguna tribulación que soportar; pero esa muralla que parecía de hierro por fin cayó. Así, se da el caso que los más prósperos tienen una prueba mayor cuando llega el día de su adversidad.

Hermano, estaba pensando, mientras le daba vueltas a este tema, que, aunque hay tribulación en el mundo, todavía nos encariñamos demasiado con el mundo. Siempre estamos tratando de arrancar sus flores, ¡como si sus rosas no tuviesen espinas, parece que nos gusta que se nos claven montones de ellas! Nunca abandonaríamos el nido ni aprenderíamos a volar si el Señor no agitara nuestro nido, tal como lo hace el águila (Deuteronomio 32:11). Querríamos quedarnos aquí para siempre y decir: «Mira, este es mi hogar», sino fuera porque un mundo cruel nos trata como a extraños y nos obliga a sentir que estando aquí estamos en el exilio. Alguien le dijo a un gran hombre, mientras miraba sus jardines: «Estas son las cosas que hacen que sea difícil morir». Ya que no viviremos aquí, sino que pronto debemos estar arriba y partir hacia la mejor tierra, el lugar en donde nuestra vida puede desarrollarse mucho mejor, es necesario que en el mundo tengamos tribulación, a fin de que podamos dirigir nuestros deseos y pensamientos en esa dirección. Hacia esa amada ciudad de Dios, el lugar en donde está nuestra morada. Gracias sean dadas a Dios por la tribulación, la cual aparta nuestros pensamientos de esta tierra y los lleva hacia el cielo; y diga todo el pueblo: Amén.

El creyente en el mundo y en Cristo
Por último, en este capítulo hablemos de que creyente que está en Cristo tendrá victoria. Ocuparé la última parte de este capítulo para decir que,

si moramos en Cristo, aunque también tengamos que morar en el mundo, venceremos al mundo.

Llama especialmente mi atención las palabras de nuestro Señor Jesús en este texto: «Pero confiad, yo he vencido al mundo». Nuestro Señor estaba en ese momento todavía en el mundo. ¿Sabes dónde estaba Cristo cuando dijo eso? Él estaba a punto de dirigirse al Getsemaní. Estaba al pie, por así decirlo, del Gólgota, donde iba a morir. Todavía no había sufrido los latigazos ni la cruz. Por tanto, me atrevo a poner mi mano sobre mi Maestro y decir: «Buen Señor, has cometido un error. Aún no has vencido, aún te falta la peor parte de la batalla». Sin embargo, Él sabía lo que decía, y no se equivocó al decirlo. ¡Oh, pero vaya que estas palabras fueron dichas con valentía! La fe que moraba en Él le hizo decir: «He vencido». Antes de entrar a la pelea Él dijo: «He vencido». Juan captó esta palabra cuando dijo después: «Esta es la victoria que vence al mundo, nuestra fe», porque fue por la fe que nuestro bendito Señor dijo en ese momento: «Yo he vencido al mundo». Él habló en la presciencia de la fe. Dio por sentado que vencería al mundo, porque el Padre estaba con Él.

Pero hasta ese momento era también cierto —como lo fue hasta el final— que realmente había vencido al mundo. Había superado sus halagos, sus tentaciones, tus terrores. Todo lo que en el mundo le había asaltado lo había puesto en fuga. Fue tentado en todo según nuestra semejanza, pero permaneció sin pecar. Había superado todo lo que había venido para atentar contra su santidad, a su paciencia, a su abnegación, había sido vencedor en todos los puntos.

Ahora aquí hay un asunto de gozosa consideración: Nuestro Señor dice: «Pero confiad, yo he vencido al mundo». Pero, ¿qué alegría hay en eso? Bueno, la alegría radica en el hecho de que Él no lo afirma aquí, pero ya lo había dicho, que Él es uno con nosotros y nosotros somos uno con Él. Por tanto, es como decir: «Yo he vencido al mundo, y tú estás en mí (pues yo soy la Cabeza del cuerpo), y mi victoria te pertenece. Yo voy adelante en esta terrible lucha, y he vencido a los adversarios con los que ahora tienes que luchar, y así he ganado virtualmente la batalla antes de que la empieces».

«El infierno y tus pecados obstruyen tu curso,
Pero el infierno y los pecados son enemigos ya vencidos:
Tu Jesús los clavó en su cruz,
Y cantó la canción de victoria cuando se levantó».[6]

«Yo mismo he vencido» —dice Jesús— «para que ustedes puedan vencer en mí. Ahora, id a la lucha, a derrotar a un enemigo que ya he vencido, y triunfad sobre una serpiente cuya cabeza ya he aplastado».

Por tanto, derivamos la seguridad de que venceremos del hecho de que Cristo ya ha vencido, ya que somos uno con Él, miembros de su cuerpo y parte de Él mismo. Oh hermanos, hermanas, debéis abriros paso luchando. No puedes eludir este conflicto; tienes que abrirte camino a través de un sólido muro de dificultades. ¡No hay otro camino! Pero lo vas a hacer. Lo harás. Un gran comandante comienza una campaña. ¿Deseas que no haya batalla? Si es así, ¿cómo podrías ser un soldado? ¿Cómo podrías superarte si no vas a la guerra? Ciertamente, no podrás enviar a casa informes de victoria si no hay lucha. Nunca podrías llegar a ser un gran comandante si nunca te distingues en el campo. Consideremos, pues, que cada campo de batalla al que Dios nos llama es tan solo otra oportunidad de victoria, y, estando Cristo con nosotros, otra certeza de victoria. ¡Adelante, pues, soldados cristianos!

«Alégrense vuestros corazones decaídos;
Marchen vestidos con una armadura celestial».[7]

No dejes que el brillo de tu armadura se manche con el óxido del miedo. Vencerás tan seguramente como tu Señor ha vencido. Si te depositas en sus manos, y permaneces en Él, y haces de Él tu todo en todo, ninguna derrota puede acontecerte.

---

[6] Canción titulada *The Christian Warfare*, por Isaac Watts.
[7] Canción titulada *Oft in Danger, Oft In Woe,* por Henry Kirke White (1806).

Tengo esta última palabra para ti. Puede ser que algunos digan: «Mira, estos cristianos tienen muchos problemas». Eso es bastante cierto; pero no son los únicos dignos de lástima. «Muchos dolores habrá para el impío» (Salmos 32:10). Los que no están en Cristo Jesús también encontrarán tribulación en este mundo, porque los espinos y los cardos brotan más en el campo del perezoso que en cualquier otro lugar. Los malvados encontrarán que hay penas especialmente preparadas para ellos: látigos de escorpiones, especialmente cuando avanzan por la vida, y sus fuegos juveniles se queman hasta convertirse en cenizas negras. ¡Ay de los pecadores, cuando tienen que cosechar los frutos de sus malas acciones! Tener que pelear esta batalla de la vida sin Cristo es una derrota segura. ¡Qué descubrimiento será cuando, habiendo vivido una vida de dolor, te encuentres con otra vida de mayor dolor, la cual nunca se acabará!

Es una cosa terrible para un hombre ir de infierno a otro infierno. ¡Hacer de este mundo un infierno y luego encontrar otro infierno en el otro mundo! Pero sería una bendición pasar por cincuenta infiernos aquí, pero llegar al cielo (si tal cosa pudiera ser). Es glorioso seguir luchando a través de la pobreza, la enfermedad y la persecución y escuchar por fin la palabra: «¡Bien, buen siervo…»! ¡Eso será glorioso! ¿Quién aspira a ello? ¡Que Dios nos ayude a cada uno de nosotros a trabajar por esto, nos dé fuerzas para llevar a cabo la guerra santa y luchar hasta el final!
Pero si os envolvéis en estas pobres alegrías, en los miserables harapos de esta tierra, y vivís para hacer dinero, o para beber, o para gozar en los dañinos placeres de la lujuria, Dios tenga misericordia de ustedes y los salve. ¡Escucha el evangelio, amigo mío! «Cree en el Señor Jesucristo, y serás salvo». ¡El Señor te guíe a hacerlo, por causa de su nombre! Amén.

CAPÍTULO 5
El Cristo triunfante

«y despojando a los principados y a las potestades, los exhibió públicamente, triunfando sobre ellos en la cruz» (Colosenses 2:15).

Si lo vemos racionalmente, la cruz es ícono de dolor y de la más profunda vergüenza. Jesús murió como un malhechor. Él fue colgado en la cruz como un delincuente, y derramó su sangre sobre el monte Calvario: el monte de perdición, junto a dos ladrones por compañeros. En medio de burlas, de bromas, de escarnio, de obscenidades y blasfemias, entregó su espíritu. La tierra lo rechaza y lo afrenta, y el cielo cierra para Él su luz, el sol se oscurece al mediodía, en la hora de su mayor dolor. El dolor que sufrió el Salvador está mucho más allá de las profundidades de la imaginación. No fue inventada jamás calumnia más infame, la que fue lanzada hacia Él (producto de la malicia satánica). Mientras tanto, Él no escondió su rostro de la vergüenza y de los escupitajos, y ¡vaya, qué vergüenza y escupitajos! Para el mundo la cruz es siempre emblema de vergüenza: para el judío, tropezadero; para el griego, locura (1 Corintios 1:23). Sin embargo, cuán diferente es la visión que tienen los ojos de la fe. La fe no conoce la vergüenza de aquellos que clavaron allí al Salvador; ni ve motivos de escarnio, sino, más bien, se burla indignada del pecado, del enemigo que traspasó al Señor. La fe ve la aflicción, esto es cierto, pero también ve en ella una fuente de misericordia. Es cierto que llora al ver a un Salvador moribundo; sin embargo, lo contempla sacando a la luz la vida y la inmortalidad, y esto en el mismo momento cuando su alma estaba siendo eclipsada por la sombra de la muerte. La fe considera la cruz, no como un estigma de vergüenza, sino como la señal de gloria. Los hijos de Belial derriban la cruz hasta el polvo, pero el cristiano hace que ella brille en el séptimo cielo. El hombre escupe sobre Él, pero los creyentes, teniendo ángeles por compañeros, se inclinan y adoran al que vive por siempre, aunque ciertamente tuvo que pasar la cruz. Hermanos míos, nuestro texto nos presenta una parte de la visión de la fe, la cual seguramente será develada ante nuestros ojos cuando estos sean ungidos con el colirio del Espíritu. Nos dice que la cruz fue el campo de triunfo de Jesucristo; allí luchó y también triunfó, y como vencedor en la cruz, repartió el botín. Es más, en nuestro texto se habla de la cruz como el corcel triunfal de Cristo en el cual cabalgó llevando cautiva la cautividad y recibió los dones que repartiría entre los hombres. Calvino hace un comentario muy atinado para la última oración de nuestro texto: «Al leer la expresión en griego, tiene sentido sintáctico; sin embargo, debemos leerlo de otro modo, porque lo que sería miserable al aplicarlo a Cristo, se sujeta con bastante exactitud al aplicarlo a la cruz. Es decir, la cruz aquí es comparada con un trofeo, como un espectáculo de triunfo, en la que Cristo condujo a sus enemigos [a la derrota]; así también, compara a la cruz con un carruaje triunfal, en el que Cristo mostró su gran magnificencia; porque no hay tribunal tan magnífico, ni trono tan majestuoso, ni espectáculo de triunfo tan distinguido, ni carruaje tan elevado, como es el patíbulo en el que Cristo subyugó a la muerte y al diablo (el príncipe de la muerte) y lo puso por completo bajo sus pies.

En este capítulo estaré hablando sobre las dos partes de este texto. Primero describiré a Cristo despojando a sus enemigos en la cruz, y luego, conduciré vuestra imaginación y vuestra fe más allá, para ver al Salvador en la avanzada triunfal sobre su cruz, llevando cautivos a sus enemigos y mostrándolos abiertamente ante los ojos de un universo asombrado.

CRISTO HA DESPOJADO A LOS PRINCIPADOS Y POTESTADES
Satanás, aliado con el pecado y la muerte, había hecho de este mundo un lugar de aflicción total. El Príncipe de la potestad del aire, ese caído usurpador, no contento con sus dominios en el infierno, invadió esta hermosa tierra. Encontró a nuestros primeros padres en el Edén; los tentó a renunciar a su lealtad al Rey del cielo, e hizo que se convirtieran inmediatamente en sus esclavos, y esclavos para siempre si el Señor del cielo no se hubiese interpuesto para rescatarlos. La voz de misericordia divina se escuchó en el momento en que les ponían los grilletes diciendo: «¡Aún seréis libres!». En la plenitud del tiempo vendrá Uno que herirá la cabeza de la serpiente, y librará a los prisioneros de la casa de servidumbre. La promesa se demoró mucho, y la tierra gimió y sufría dolores de parto estando en servidumbre. El hombre era esclavo de Satanás, y las cadenas traqueteantes pesaban sobre su alma. Por fin, en la plenitud de los tiempos, apareció el Libertador, nacido de una mujer. Este bebé conquistador, tenía quizá unos cincuenta centímetros de largo y fue acostado en un pesebre, ¡este era el que había de atar al viejo dragón, echarlo en el abismo, y ponerle un sello. Cuando la serpiente antigua supo que había nacido su enemigo, conspiró para matarlo; y se alió con Herodes para buscar al niño y destruirlo. Sin embargo, la providencia de Dios preservó al futuro conquistador, descendió a Egipto, y allí estuvo escondido por algún tiempo. Luego, cuando Él tuvo la edad suficiente, hizo aparición pública y comenzó a predicar libertad a los cautivos, y a los presos apertura de la cárcel. Entonces satanás disparó nuevamente sus flechas y buscó terminar con la existencia de la simiente de la mujer. Una vez los judíos tomaron piedras para apedrearlo, y sus intentos de matarlo fueron varios. Trataron de arrojarlo de cabeza desde la cima de una colina, y con toda clase de artimañas sus enemigos trabajaron para quitarle la vida, pero su hora aún no había llegado. Graves peligros lo rodeaban, pero Él sería inmune hasta que llegara el momento. Por fin, llegó el tremendo día. Cuerpo a cuerpo, el conquistador debe luchar

contra el terrible tirano. Se oyó una voz en el cielo: «Esta es vuestra hora, y la potestad de las tinieblas». Y Cristo mismo exclamó: «Ahora es el juicio de este mundo; ahora el príncipe de este mundo será echado fuera» (Juan 12:31). El Redentor se levantó de la mesa de la comunión a medianoche y marchó a la batalla. ¡Qué terrible fue la contienda! En el primer ataque, el Poderoso Conquistador parecía estar vencido. Derribado a tierra en el primer asalto, cayó de rodillas y clamó: «Padre mío, si es posible, pase de mí esta copa». Revitalizado por las fuerzas del cielo, ya no se acobardó, y desde ese momento, ya no pronunció una sola palabra que trajese alguna duda respecto a su total compromiso con la lucha. Debido a este primer asalto, su sudor fue sanguinolento, pero con todo, se lanzó al rigor de la batalla. El beso de Judas fue, por así decirlo, el primer sonido de trompeta; las prisiones de Caifás fueron el brillo de la lanza; el látigo cruel fue el cruce de espadas; pero la cruz fue el centro de la batalla. Allí en la cima del Calvario, debe librarse la terrible lucha de la eternidad. Ahora debe levantarse el Hijo de Dios, y ceñir su espada al muslo. Una terrible derrota o una gloriosa conquista aguardan al Campeón de la Iglesia. ¿Qué sucederá? Contenemos la respiración con un suspenso ansioso, mientras la tormenta ruge. Oigo el sonido de la trompeta; los aullidos y gritos del infierno se elevan en un clamor espantoso. El foso está vaciando sus legiones. Terribles como leones, hambrientos como lobos y negros como la noche, los demonios se precipitan en miles. Las fuerzas de reserva de Satanás, aquellas que durante mucho tiempo se habían mantenido en contra de este día de terrible batalla, rugen desde sus guaridas. ¡Mirad cuán innumerables son sus ejércitos y cuán feroces son sus rostros! Blandiendo su espada, el archienemigo encabeza la avanzada, ordenando a sus seguidores que no peleen con pequeño ni con grande sino solamente con el Rey de Israel. Terribles son que lideran la batalla; el pecado está allí, y toda su innumerable descendencia, escupiendo veneno de áspides e incrustando sus colmillos venenosos en la carne del Salvador. La muerte está allí, cabalgando su caballo amarillo, y su cruel dardo atraviesa el cuerpo de Jesús hasta lo más íntimo de su corazón. Él está «muy triste, hasta la muerte». Ha venido el infierno, con todas sus brasas de enebro y dardos de fuego; pero el jefe y la cabeza de ellos es satanás. Con rencores del antiguo día en que Cristo lo arrojó de las murallas de cielo, se lanza con toda su malicia con gritos aterradores. Los dardos lanzados al aire son tan densos que ciegan el sol; la oscuridad cubre el campo de batalla y —como la de Egipto— se podía sentir una oscuridad total. Un solo Hombre en contra de muchos; pero ese Hombre es también Dios, quien está en orden de batalla contra miles de principados y potestades.

Siguen llegando, y Él recibe a todas las huestes del mal. Silenciosamente al principio, Él permite que sus filas se abalancen sobre su Persona, soportando terribles estragos de dolor, apenas si piensa en gritar; sin embargo, por fin el que lucha por su pueblo lanza un grito y dice: «Tengo sed». La batalla es tan intensa sobre Él, y el polvo es tan espeso, que ahoga su garganta. Él grita: «Tengo sed». ¿Es esto señal de que está siendo derrotado? Espera un momento, hay ya un montón de enemigos que han caído ya derrotados; el enemigo no hace sino precipitarse a su propia destrucción. En vano el enemigo se llena de ira, porque sus filas están escaseando: la batalla está cerca de terminar. Por fin, la oscuridad se disipa y el Conquistador grita de nuevo. «Consumado es». ¿Dónde están ahora sus enemigos? Todos están muertos. ¡Allí yace el rey de los terrores, atravesado por uno de sus propios dardos! Allí yace satanás, con la cabeza aplastada y sangrando. La serpiente se arrastra y se retuerce en una miseria espantosa. ¡En cuanto al pecado, este es despedazado y esparcido en los vientos del cielo! «Consumado es», clama el Conquistador, mientras llega con sus ropas teñidas de sangre: «He pisado yo solo el lagar, lo he pisoteado con mi furor, y su sangre ha rociado mis vestidos». Ahora procede a repartir el botín.

Haremos una pausa aquí para señalar que repartir el botín es una señal en sí misma de que la batalla ha sido totalmente ganada. El enemigo nunca permitirá que el botín se divida entre los conquistadores mientras aún le queden fuerzas. Podemos deducir de nuestro texto —con toda seguridad— que Jesucristo ha derrotado totalmente, completamente y de una vez por todas a todos sus enemigos, pues de otra manera, no podría repartir ningún botín todavía.

Pero, ¿qué significa que Cristo reparta el botín? Supongo que significa, en primer lugar, que Él desarmó a todos sus enemigos. Satanás vino contra Cristo; tenía en su mano una espada afilada llamada la Ley, sumergida en el veneno del pecado, de modo que cada herida que la Ley causaba era mortal. Cristo arrancó esta espada de la mano de satanás, y así estuvo el Príncipe de las tinieblas desarmado, Su yelmo fue partido en dos, y su cabeza fue aplastada con una barra de hierro. La muerte se levantó contra Cristo; pero el Salvador le arrebató su aljaba, cortó las flechas en dos, y les cortó las puntas envenenadas (para que ya jamás pudiera destruir a los rescatados). El pecado vino contra Cristo, pero el pecado fue totalmente despedazado. Este había sido un escudero de satanás, pero su escudo fue desechado, y yacía muerto sobre la llanura. ¿No es un cuadro noble el contemplar a todos los enemigos de Cristo? Hermanos míos, todos nuestros enemigos están totalmente desarmados; satanás no tiene ahora nada con qué atacarnos. Puede que intente herirnos, pero nunca lo podrá lograr, porque su espada y su lanza le fueron arrebatadas. En las antiguas batallas, especialmente entre los romanos, era costumbre quitar a los vencidos todas sus armas y municiones; luego eran despojados de sus vestidos, y atándoles las manos a la espalda, eran puestos bajo yugo. Esto es lo que ha hecho Cristo con el pecado, la muerte y el infierno: les ha quitado las armas, les ha despojado de todas ellas, y los ha puesto bajo yugo; de modo que ahora ellos son nuestros esclavos, y nosotros en Cristo somos vencedores de aquellos que eran más poderosos que nosotros. Supongo que este es el primer significado de esto de dividir el botín: el total desarme del adversario.

En segundo lugar, cuando los vencederes reparten el botín se llevan, no solo las armas, sino todos los tesoros que pertenecían a sus enemigos. Desmantelan sus fortalezas y saquean todas sus provisiones, a fin de que en el futuro no puedan reanudar un nuevo ataque. Cristo ha hecho lo mismo con todos sus enemigos. El viejo satanás nos había quitado todas nuestras posesiones: todo el gozo, la felicidad y la paz del hombre, y aún el paraíso lo había añadido a sus posesiones. Estas cosas no las podía disfrutar él mismo, pero se deleitaba en arrojarnos a la pobreza y a la condenación. Pero gracias sean dadas a Dios, que Cristo nos ha devuelto todas nuestras herencias perdidas. El paraíso es nuestro, y ahora tenemos *más* que todo el gozo y felicidad que tuvo Adán; todo, Cristo nos lo ha devuelto. ¡Oh ladrón de la humanidad, ahora has sido despojado y llevado cautivo! ¿Despojaste a Adán de sus riquezas? ¡El segundo Adán te las ha arrancado! Cómo fue cortado y quebrado el martillo que oprimía a la tierra, y desolado en el desierto. Ahora los necesitados serán recordados, y de nuevo los mansos heredarán la tierra. «Se repartirá entonces botín de muchos despojos; los cojos arrebatarán el botín» (Isaías 33:23).

Además, cuando los vencedores se reparten el botín, se acostumbra quitar todos los ornamentos al enemigo, incluyendo las coronas y las joyas. Cristo en la cruz hizo lo mismo con satanás. Satanás tenía una corona en su cabeza, una altiva diadema de triunfo. «Luché contra el primer Adán, lo vencí y aquí está mi diadema brillante». Sin embargo, Cristo se la arrebató de la frente en el momento en que hirió la cabeza de la serpiente. Y ahora satanás no puede jactarse de una sola victoria, está completamente derrotado. En la primera lucha, Él venció a la humanidad, pero en la segunda batalla, la humanidad lo venció a Él. La corona le fue quitada. Ya no subyuga ni es príncipe del pueblo de Dios, su poder reinante se ha ido. Puede tentar, pero no puede obligar; puede amenazar, pero no someter: la corona le fue quitada de la cabeza, y su poderío abatido. Cantad al Señor un cántico nuevo, pueblo todo de

Jehová, aclamadle con salmos, oh, todos sus redimidos; porque ha quebrado las puertas de bronce, y quebró las barras de hierro, quebró el arco, cortó la lanza, y quemó los carros en el fuego (Salmos 46:9). El Señor quebrantó a nuestros enemigos, y repartió el botín con los fuertes.

Ahora bien, ¿qué nos dice todo esto? Nos dice que, si Cristo ha despojado a satanás, no tengamos miedo de enfrentarnos con este gran enemigo de nuestras almas. Hermanos míos, en todo debemos ser semejantes a Cristo. Debemos llevar nuestra cruz, y en esa cruz debemos luchar como Él lo hizo: contra el pecado, contra la muerte y contra el infierno. No tengamos miedo. El resultado de la batalla es seguro, porque, así como el Señor nuestro venció una vez, así también nosotros venceremos con Él. Hermanos, no tengamos miedo cuando el mal viniere repentinamente. Si el enemigo te acusa, respóndele con estas palabras: «¿Quién acusará a los escogidos de Dios?» (Romanos 8:33); y si te condena, ríete de Él, menospréciale y grítale: «¿Quién es el que condenará? Cristo es el que murió; más aun, el que también resucitó» (Romanos 8:34). Si te amenaza con apartarte del amor de Cristo, enfréntalo con firmeza y confianza y di: «Por lo cual estoy seguro de que ni la muerte, ni la vida, ni ángeles, ni principados, ni potestades, ni lo presente, ni lo por venir, ni lo alto, ni lo profundo, ni ninguna otra cosa creada nos podrá separar del amor de Dios, que es en Cristo Jesús Señor nuestro» (Romanos 8:38-39). Si suelta sus pecados sobre ti, ahuyenta a los perros del infierno con esto: «Si alguno hubiere pecado, abogado tenemos para con el Padre, a Jesucristo el justo» (1 Juan 2:1). Y si la muerte te amenazara, grítale en su misma cara: «¿Dónde está, oh muerte, tu aguijón? ¿Dónde, oh sepulcro, tu victoria?» (1 Corintios 15:55). Nuestro Maestro no solo derrotó al enemigo, sino que después tomó el botín, y así se hará contigo también. Tus batallas contra satanás se volverán a tu favor. Te volverás más rico ante los ojos de tus enemigos. Cuanto más numerosos sean, mayor será el botín. Vuestra tribulación producirá paciencia, y vuestra paciencia experiencia [de la versión King

James, *experience*], y vuestra experiencia, esperanza (Romanos 5:3-4), y esta es una esperanza que no avergüenza. A través de esta mucha tribulación heredaremos el reino (Hecho 14:22), y por los mismos ataques de satanás seréis ayudados a disfrutar mejor del descanso que le queda al pueblo de Dios. Ponte en pie de lucha contra el pecado y satanás. Todos los que entesan el arco, disparen contra ellos, no escatimen flechas, porque sus enemigos son rebeldes contra Dios. Suban contra ellos, pongan sus pies sobre sus cuellos, no temáis ni desmayéis, porque de Jehová es la batalla, y Él la entregará en vuestras manos. Sean muy valientes, y recuerden que tienen que luchar con un dragón sin aguijón. Puede silbar, pero sus dientes están rotos, y sus colmillos venenosos han sido extraídos. Tienes que luchar contra un enemigo que ya ha sido marcado por las armas de tu Maestro. Tienes que luchar contra un enemigo desnudo. Cada golpe que le das ciertamente le duele, porque no le queda nada que lo proteja. Cristo lo dejó desnudo, dividió su armadura y lo dejó indefenso ante su pueblo. No tengas miedo. El león puede aullar, pero nunca podrá desgarrarte. El enemigo puede abalanzarse sobre ti con espantoso ruido y terribles alarmas, pero no hay motivo real para temerle. Estad firmes en el Señor. Guerrea contra un rey que ha perdido su corona; pelea contra un enemigo cuyos pómulos han sido heridos, y cuyos miembros han sido descuartizados. Regocíjate, regocíjate en el día de la batalla, porque es para ti solo el comienzo de una eternidad de triunfo.

El triunfo alcanzado por Cristo

En la segunda parte de nuestro texto se habla, no solo del reparto del botín sino también del triunfo alcanzado por Cristo. Cuando un general romano había realizado grandes hazañas en un país extranjero, su mayor recompensa era que el Senado le decretara un triunfo. Por supuesto, ya se había hecho una división del botín en el campo de batalla, y cada soldado y cada capitán ya había tomado su parte; pero todos esperaban con entusiasmo el día en que disfrutarían del triunfo público. Se fijaba un día y se abrían las puertas de Roma. Todas las casas estaban decoradas espléndidamente; la gente subía a lo alto de las casas y se paraba en grandes multitudes a lo largo de las calles. Se abrían las puertas y poco a poco empezaban a entrar las legiones con sus banderas ondeando y sus trompetas sonando. La gente veía a los fieros guerreros mientras marchaban por la calle, regresando de sus campos de batalla, todavía rojos debido a la sangre. Después de que la mitad del ejército había entrado ya, las miradas se fijaban en aquel que era el centro de la atracción. Este venía sentado en un carro tirado por caballos blancos, tan blancos como la leche: era el conquistador mismo; coronado con una corona de laurel. Entonces se ponía en pie y saludaba. Mientras tanto, encadenados a su carro, venían a pie los reyes, los hombres poderosos que habían conquistado. Inmediatamente detrás de ellos venía parte del botín. En esta parte del cotejo eran llevados el marfil, el ébano, y las bestias de los diferentes países que él había sometido. Tras todo esto venía el resto de la soldadesca, una larga fila de líneas de valientes soldados, todos ellos compartiendo los triunfos de su capitán. Detrás de ellos venían estandartes, las viejas banderas que habían ondeado en lo alto de la batalla, los estandartes que habían arrebatado al enemigo. Y tras estos, grandes emblemas pintados de las grandes victorias del guerrero. En uno de estos habría un enorme mapa que representaba los ríos que había cruzado, o los mares a través de los cuales su armada había encontrado su camino. Todo estaba representado en un cuadro, y el populacho daba un nuevo grito al ver el memorial de cada triunfo. Y luego, detrás, junto con los trofeos, vendrían los presos de menor rango. Luego se cerraría la retaguardia con sonido de trompeta, sumándose a la aclamación de la multitud. Era un día noble para la antigua Roma. Los niños nunca olvidarían estos triunfos; calcularían sus años desde el momento de un triunfo hasta el otro. Se mantenía la gran fiesta; mientras las mujeres echaban flores ante el conquistador, y él era el verdadero monarca del día.

Ahora bien, el Apóstol evidentemente había visto tal triunfo o lo había leído, y lo tomó como una representación de lo que hizo Cristo en la cruz. Él dice: «Jesús los exhibió públicamente, triunfando sobre ellos en la cruz». ¿Alguna vez has pensado que la cruz podría ser el escenario de triunfo? La mayoría de los antiguos comentaristas difícilmente podrían concebirlo como cierto. Ellos dicen: «Esto ciertamente debe referirse a la resurrección y ascensión de Cristo». Sin embargo, la Escritura dice que incluso en la cruz, Cristo disfrutó de un triunfo. ¡Sí! Mientras aquellas manos sangraban, las aclamaciones de los ángeles se derramaban sobre su cabeza. Sí, mientras aquellos pies eran desgarrados por los clavos, los espíritus nobles del mundo se apiñaban a su alrededor admirados. Y cuando en esa cruz, manchada de sangre, murió el Salvador en agonías indescriptibles, se escuchó un grito como nunca antes se había oído por los redimidos en el cielo, y todos los ángeles de Dios, con la más alta armonía, cantaron alabanzas. Se cantó, en pleno coro, el cántico de Moisés, siervo de Dios y del Cordero, porque en verdad el Señor había herido a Rahab y herido gravemente al dragón. Cantad al Señor, porque Él ha triunfado gloriosamente. El Señor reinará por los siglos de los siglos, porque Él es el Rey de reyes, y el Señor de señores.

La carne no podría siquiera imaginar a Cristo triunfando en la cruz. La carne ve a Jesús sangrando, ve sus heridas, ve sus dolores, por tanto, no puede concebir a Cristo como vencedor ni admirado por todos. Sin embargo, los cristianos podemos decir que la cruz es la base del triunfo de Jesús, y del nuestro. Se puede decir, que, por ese único acto suyo, por esa única ofrenda de sí mismo, fue que Él venció completamente a todos sus enemigos, y se sentó para siempre a la diestra de la Majestad en los cielos. En la cruz, para el ojo espiritual, está contenida toda la victoria de Cristo. Pues, aunque no está ahí en ese momento, está virtualmente, ahí está el germen de la gloria, está en las agonías del Señor; todo esto es descubierto por el ojo de la fe.

Cristo ha vencido para siempre a todos sus adversarios; ha repartido el botín en el campo de batalla, y ahora, incluso en este día, está disfrutando de la bien ganada recompensa, y del triunfo de su temible lucha. Alzad vuestros ojos para contemplar las torres del cielo, de la gran metrópolis de Dios. Las puertas de perla de la ciudad están abiertas de par en par, y la ciudad brilla con sus muros enjoyados como de una novia preparada para su esposo. ¿Puedes ver a los ángeles asomándose desde sus torres? ¿Puedes observarlos en la morada celestial, deseando ansiosamente la llegada de los que habremos de habitar la ciudad? Puedes imaginar que por fin se escucha el sonido de la trompeta, y que los ángeles se apresuran a abrir las puertas: la avanzada de los redimidos se acerca a la ciudad. Abel entra solo, vestido con un manto carmesí, el heraldo de un glorioso ejército de mártires. ¡Escuchen el grito de aclamación! Este es el primero de los guerreros de Cristo, es un soldado del Señor, pero también un trofeo que ha sido entregado. Pisándole los talones siguen otros, que en tiempos antiguos supieron de antemano del Salvador venidero. Detrás de ellos puede verse una poderosa hueste de veteranos patriarcales, aquellos que fueron testigos de la venida del Señor en una era de desenfreno. Ve a Enoc, todavía caminando con su Dios, y cantando dulcemente: «He aquí que el Señor viene con diez mil de sus santos». También está Noé, quien había navegado en el arca con el Señor como piloto. Luego le siguen Abraham, Isaac y Jacob; Moisés y Josué, Samuel y David, todos hombres poderosos y valientes. ¡Escúchalos cuando entran! Cada uno de ellos, agitando su casco en el aire, clama: «¡Al que nos amó y nos lavó de nuestros pecados con su sangre, a Él sea la honra, la gloria, el dominio y el poder, por los siglos de los siglos!». ¡Mirad con admiración, hermanos míos, mirad con admiración este noble ejército! Observad a los héroes mientras marchan por las calles doradas, encontrándose en todas partes con una entusiasta bienvenida de los ángeles fieles. Siguen, siguen, continúan esas incontables legiones… ¿hubo alguna vez tan glorioso espectáculo? No es el desfile de un día, sino el «espectáculo» de todos los tiempos. Durante milenios, ahí a perseverado el ejército de los redimidos de Cristo. A veces fue un grupo pequeño para cierta época, empequeñecido por la persecución, pero otras veces hay una multitud; y los grupos siguen y siguen, y todos gritan y alaban a Aquel que los amó y se entregó por ellos.

Pero ahora, ¡mira! ¡Él viene! Veo a su precursor vestido con manto de pelo de camello, y un cinto de cuero alrededor de sus lomos. El Príncipe de la casa de David viene ahí. Que nadie se pierda su pasada, abran bien los ojos. Ve como ahora, no solo los ángeles sino también los redimidos llenan las ventanas de los cielos. ¡Él viene! ¡Él viene! ¡Es el mismo Cristo! Azota a los corceles blancos como la nieve por las colinas eternas. «Alzad, oh puertas vuestras cabezas, y alzaos vosotras puertas eternas, y entrará el Rey de gloria» (Salmos 24). Míralo entrar en medio de las aclamaciones. ¡Es Él! Pero no está coronado de espinas. ¡Es Él! Pero, aunque sus manos estén cicatrizadas, ya no están manchadas de sangre. Sus ojos son como llama de fuego, y sobre su cabeza hay muchas diademas, y en su vestidura y en su muslo, tiene escrito: «REY DE REYES Y SEÑOR DE SEÑORES». Él está de pie en el carro, «recamado con amor por las doncellas de Jerusalén» (Cantares 3:10). Vestido con una vestidura teñida de sangre, y se declara Emperador del cielo y de la tierra. ¡Sigue en su curso su carro de corceles albinos, y su ruido es más fuerte que el ruido de muchas aguas, y como grandes truenos son las aclamaciones que lo rodean! Mira cómo la visión de Juan se ha hecho realidad, porque ahora podemos ver por nosotros mismos y escuchar con nuestros oídos el cántico nuevo, del cual Juan escribe:

«Y cantaban un nuevo cántico, diciendo: Digno eres de tomar el libro y de abrir sus sellos; porque tú fuiste inmolado, y con tu sangre nos has redimido para Dios, de todo linaje y lengua y pueblo y nación; y nos has hecho para nuestro Dios reyes y sacerdotes, y reinaremos sobre la tierra. Y miré, y oí la voz de muchos ángeles alrededor del trono, y de los seres vivientes, y de los ancianos; y su número era millones de millones, que decían a gran voz: El Cordero que fue inmolado es digno de tomar el poder, las riquezas, la sabiduría, la fortaleza, la honra, la gloria y la alabanza. Y a todo lo creado que está en el cielo, y sobre la tierra, y debajo de la tierra, y en el mar, y a todas las cosas que en ellos hay, oí decir: Al que está sentado en el trono, y al Cordero, sea la alabanza, la honra, la gloria y el poder, por los siglos de los siglos» (Apocalipsis 5:9-13).

Pero, ¿quiénes son esos que pisotean las ruedas de su carro? ¿Quiénes son esos monstruos sombríos que vienen aullando por detrás? Yo los conozco. En primer lugar, está el archienemigo. ¡Mira a la serpiente antigua, atada y encadenada, cómo se retuerce dentro de sus harapos! Sus tonos azules están todos empañados por tanto que se arrastra en el polvo, y sus escamas despojadas del brillo del que alguna vez se jactó. Ahora la cautividad es llevada cautiva, y la muerte y el infierno serán lanzados al lago de fuego. Con qué escarnio se mira al jefe de los rebeldes. ¿Cómo fue que se ha convertido en objeto de desprecio eterno? El que mora en los cielos se ríe, y el Señor se burla de él. Mirad cómo ahora es quebrantada la cabeza de la serpiente, y pisoteado el dragón. Ahora mira a ese horrible monstruo llamado Pecado, encadenado de la mano con su padre el diablo. Mira cómo mueve sus ojos en sus cuecas oculares, observa cómo da giros y se retuerce en su agonía. Fíjate cómo mira con furia a la ciudad santa, pero es incapaz de escupir su veneno allí, porque está encadenado y amordazado, y arrastrado como cautivo involuntario a las ruedas del Vencedor. Y allí también está la vieja Muerte, con sus dardos todos rotos y sus manos atadas detrás; la sombría reina de los terrores, ella también es cautiva. ¡Escuchad los cánticos de los redimidos, de los que han entrado en el Paraíso, cuando ven a esos prisioneros poderosos siendo arrastrados! «Digno es Él» —gritan— «de vivir y reinar al lado de su Padre Todopoderoso, porque subió a lo alto, y llevó cautiva la cautividad y dio dones a los hombres» (Salmos 68:18; Efesios 4:8).

Y ahora detrás de Él veo a una gran multitud. Los apóstoles vienen primero, cerca de su Señor, y luego sus sucesores inmediatos. Después a un gran grupo: aquellos que —en medio de crueldades y sangre, de llamas y de espada— siguieron a su Maestro. Estos son aquellos de los cuales el mundo no era digno, y ellos brillan más que las estrellas del cielo. Considera también a los poderosos predicadores y a los confesores de la fe: Crisóstomo, Atanasio, Agustín y otros. Ellos son testigos que unánimemente alaban al Señor. Luego deja que tu ojo corra a lo largo de las brillantes filas, hasta llegar a los días de la reforma. Ahí veo en medio del escuadrón a Lutero, a Calvino y a Zwinglio, tres hermanos santos. Veo justo antes de ellos a Wycliffe, a Huss, a Jerónimo de Praga, todos marchando juntos. Y luego veo a una muchedumbre que nadie puede contar, convertida al Señor a través del testimonio de estos poderosos reformadores, los cuales ahora siguen el cortejo victorioso del Rey de reyes y Señor de señores. Y de ahí, el rio de gente es cada vez más amplio. Muchos son los que en los últimos siglos han entrado a engrosar las filas del cortejo triunfal del Maestro. De ellos algunos conocimos y podemos hoy llorar su ausencia, pero entonces nos alegraremos con ellos al estar entrando a la Nueva Jerusalén.

Pero ¿cuál es el grito unánime? ¿Cuál es la única canción que todavía se entona desde los primeros hasta los últimos? Esta es la canción: «Al que nos amó, y nos lavó de nuestros pecados con su sangre… a él sea gloria e imperio por los siglos de los siglos. Amén». ¿Han cambiado de canción? ¿Han suplantado su Nombre con otro? ¿Han puesto la corona sobre otra cabeza o elevado a otro como héroe? ¡Ah, no! Todavía la procesión triunfante se regocija en cantar la misma canción, y se gozan con cada soldado que entra en sus filas; pues cada soldado es un trofeo; todo guerrero en el ejército de Cristo es una prueba más de su poder para salvar, y de su victoria sobre la muerte y el infierno.

No tengo espacio aquí para a hablar más en detalle, de lo contrario podría describir las magníficas imágenes de la procesión; pues en los antiguos triunfos romanos, todas las obras del conquistador estaban representadas en imágenes: las ciudades que había tomado, los ríos que había pasado, las provincias que había dominado, las batallas que había librado, todo estaba representado en imágenes y se exhibían al pueblo con gran alegría, ya fuera la gente que estaba afuera, como la que se asomaba por las ventanas y balcones de sus casas, gente que llenaba el ambiente con aclamaciones y aplausos. Podrían presentarse, en primer lugar, la imagen de las mazmorras del infierno (reducidas a escombros). Satanás había preparado en lo profundo de las tinieblas una prisión para los elegidos de Dios, pero Cristo no había dejado piedra sobre piedra. En la imagen puedo ver las cadenas rotas, las puertas de la prisión quemadas al fuego, y todas las profundidades del vasto abismo sacudidas hasta sus cimientos. En otra imagen veo el cielo abierto para todos los creyentes; veo también las puertas que fueron cerradas al instante, mediante una palanca dorada, la cual representa la expiación de Cristo. En otro cuadro veo el sepulcro vacío; veo a Jesús dormido por un rato, pero luego, la piedra removida, y a Él, elevándose a la inmortalidad y gloria. Todo esto y más podría describirlo en detalle, pero el tiempo no bastaría para describir las imágenes de las victorias de su amor. Sabemos que por fin la procesión final cesará, cuando el último de sus redimidos haya entrado en la ciudad de la felicidad y la alegría; y cuando, con el sonido de la final trompeta, este último ascenderá al cielo para unirse a la multitud de redimidos que reinaremos con Dios nuestro Padre por los siglos de los siglos, en un mundo que no tiene fin.

Nuestra última pregunta —y con esto concluimos— es esta: ¿Nuestra esperanza de marchar por gracia en esta tremenda procesión está firme? ¿Estás seguro de que un día serás parte de esa procesión gloriosa? Dime, alma mía, ¿tendrás una humilde participación en este glorioso desfile de redimidos? ¿Seguirás jubiloso el andar del carro del Rey de reyes y Señor de Señores? ¿Te unirás al estruendo de hosanas? ¿Ayudará tu voz a hincar el coro celestial? A veces, me temo que no. Hay momentos en que surge la terrible pregunta: ¿Qué pasaría si mi nombre se omitiera cuando Él leyera el libro? Hermanos, ¿no os preocupa ese pensamiento? ¿Puedes contestar? ¿Estarás allí? ¿Verás ese esplendor? ¿Lo verás triunfar finalmente sobre el pecado, sobre la muerte y el infierno? ¿Puedes responder a esta pregunta? Hay otra, pero la respuesta servirá para contestar todas las demás: ¿Crees en el Señor Jesucristo? ¿Es Él tu confianza y tu seguridad? ¿Has encomendado tu alma a su cuidado? Al descansar en su poder, ¿puedes decir a tu espíritu inmortal:

«Otro refugio no tengo, Pende mi alma indefensa de ti». [8]

Si puedes decir sí a estas últimas preguntas, entonces tus ojos le verán en el día de su gloria, serás parte de su gloria y te sentarás con Él en su trono, así como Él ha vencido y se ha sentado con su Padre en su trono. Al escribir sobre este tema me veo a mí mismo imposibilitado: es un tema que está muy por encima de mí. Sin embargo, no podía dejar de escribir lo que he escrito, y haciendo mi mejor esfuerzo, anhelo que Dios amplíe tu fe, fortaleza tu esperanza, e inflame tu amor. Que Dios nos prepare para hacernos partícipes de la herencia de los santos en luz, para que cuando Él venga en los aires estemos listos para encontrarnos con Él en las nubes, y así podamos ascender con Él para contemplar por siempre la visión de su gloria.

Que Dios nos conceda esta bendición, por el amor de Cristo. Amén.

---

[8] Canción titulada *Jesus, Lover of My Soul*, por Charles Wesley (1740).

CAPÍTULO 6
Libertad a través de los tiempos

«el cual nos libró, y nos libra, y en quien esperamos que aún nos librará, de tan gran muerte» (2 Corintios 1:10).

Cuando los niños están aprendiendo gramática, tienen que prestar atención especial a los tiempos de los verbos; así también, es importante que los cristianos recuerden sus tiempos: el pasado, el presente y el futuro. Nuestro texto pone delante de nosotros estos tres tiempos, y nos recuerda que Dios nos ha librado, que nos libra en el presente, y que aún nos librará. Primero pensemos por un momento en el pasado. ¿Cuántos años tienes, amigo mío? ¿Cuántos de esos años has empleado provechosamente, y cuántos has permitido que se desperdicien? En otras palabras, ¿cuántos de esos años has hecho la voluntad de la carne, sirviendo al pecado y a satanás y cuántos años hace desde que has nacido de nuevo y sirves al Dios vivo? ¿Cuál es tu edad espiritualmente? Toma el registro de tu vida y examínalo, desde los días de tu niñez, pasando por la adolescencia y la juventud, hasta ahora. Ese es un libro que nos haría bien leer; en algunos aspectos, podrían hacernos llorar, pero en otros, cantar. Este es el único libro de la biblioteca que a muchos no les gusta tomar y leer, porque hay en él tantas manchas, tantos registros humillantes; sin embargo, Dios quiere que, como una muestra de sabiduría, el hombre recuerde los años pasados y aprenda de ellos las muchas lecciones que estos le puedan enseñar. Todos los días que hemos vivido serán recordados un día al estar ante el tribunal, y cada uno es registrado en el cielo. Por tanto, no olvidemos aquello que hemos hecho mal, y arrepintámonos de todo corazón; y recordemos que Dios nos ha perdonado de todo nuestro pasado pecaminoso, y vivamos agradecidos.

Después, pensad en la segunda parte de la vida, del tiempo presente; y aquí, queridos amigos, permítanme acentuar la importancia de valorar el presente. De hecho, el tiempo presente es el único tiempo que tienes. El pasado se ha ido, y ya no volverá; el futuro nunca será realmente tuyo, porque, cuando llegue, también será presente. Por tanto, solo vivimos el presente, de modo que, si malgastamos estas preciosas horas que están con nosotros ahora, malgastamos todo lo que tenemos. Si hoy no servimos a Dios, ¿cuándo lo serviremos? ¿Mañana? No, porque cuando llegue esa oportunidad, el mañana se habrá transformado en hoy. Esforcémonos, mediante la ayuda de Dios, a vigilar aún los pequeños momentos, para no desperdiciar ninguno de ellos. Es bueno que nuestra vida se divida en períodos cortos. El otro día vi el diario de Juan Wesley, y ahí vi su horario. Para él no solo figuraba una anotación para cada día, sino para cada hora; y no solo para cada hora, sino, por lo general, había una ocupación distinta para cada veinte minutos. Este buen hombre hizo que sus días tuvieran muchas horas en ellos, y sus horas parecían tener más minutos en ellas que para la mayoría de los hombres. Él no desperdiciaba ni un minuto, sino que cada uno de ellos lo empleaba para servir diligentemente a su Maestro. ¡Dios nos ayude a todos a hacer lo mismo y prestar mucha atención a la parte presente de nuestra vida!

En cuanto al futuro, hay una curiosidad ociosa que impulsa a los hombres a tratar de vivir en él, a esto debemos renunciar. Sin embargo, hay también una expectativa de gracia que nos permite vivir en él, una santa ansiedad que nos impulsa a prepararnos para cuando llegue. Es muy sensato que hablemos con los años venideros si hablamos con ellos en vista de su fin. Quiero que conozcas tu sepulcro, porque pronto estarás en él, y que estés familiarizado con el lugar en donde morarás cuando resucites, recordando que Dios «juntamente con él… nos hizo sentar en los lugares celestiales con Cristo Jesús» (Efesios 2:6). Proyectémonos más allá del presente, hacia el futuro, pues a menudo la mejor manera de lidiar con el presente es reuniendo fuerzas del futuro: podrás llevar más fácilmente tus cargas actuales cuando pienses cuán corto es el tiempo en que tendrás que llevarlas. Tu leve tribulación» es momentánea, y será como del peso de una pluma comparada con «un cada vez más excelente y eterno peso de gloria» (2 Corintios 4:17).

Por tanto, les recomiendo esta regla de tres, y les aconsejo que consideren siempre el pasado, el presente y el futuro; y ahora mismo los invito a hacer este ejercicio en relación con el suministro de la misericordia de Dios. Él nos ha librado; Él nos librará; y Él nos librará. En este capítulo les señalaré primero tres líneas de pensamiento; en seguida, tres líneas de razonamiento; y finalmente, tres inferencias. Estos pensamientos son sumamente importantes para guerrear con el enemigo efectivamente.

Tres líneas de pensamiento
1) La memoria
La primera línea de pensamiento es *la memoria*. Esta nos habla de las liberaciones del pasado: «Quien nos libró de tan grande muerte». Toma estas palabras tal y como Pablo las escribió, y recuerda cómo Dios ha librado a algunos de nosotros de la muerte. Algunos de mis lectores seguro han estado cerca de la muerte, ya sea si han estado en un conflicto bélico, o en un viaje o debido a una enfermedad. Algunos de nosotros se llegaron a enterar de que casi por seguro morirían y estaban preparándose para estar en la presencia de Dios. Pero Dios nos ha resucitado. Salimos de nuestra habitación, quizá —debido a lo débil que quedamos—, tambaleando, apoyándonos en un bastón; sin embargo, sobrevivimos y estamos en pie para alabar a nuestro Dios. No me cabe la menor duda de que casi todos ustedes han tenido, en algún momento u

otro de la vida, alguna prueba muy especial en donde se ha aplicado lo que dice Salmos 68:20 «De Jehová el Señor es el librar de la muerte».

Nuestras liberaciones pasadas, sin embargo, no solo han sido de la muerte física; hemos tenido liberaciones mayores todavía. Ahí está, ante todo, nuestra liberación de la muerte espiritual. ¿Recuerdas, querido hermano, querida hermana, cuando fuiste sacado de las tinieblas a la maravillosa luz de Dios? Dices que no sabes el día en que ocurrió este gran cambio; no importa si no lo sabes, no es del todo esencial que puedas tener registrada la fecha precisa, lo único que importa es que ahora puedas decir «una cosa sé, que habiendo yo sido ciego, ahora veo» (Juan 9:25). No obstante, algunos de nosotros recordamos la fecha exacta cuando vinimos a Cristo, y empezamos a descansar en Él; y bendecimos ese día, con todo nuestra alma y corazón, porque ese día fuimos librados de esa terrible muerte, la cual por tanto tiempo nos había tenido cautivos. Dios nos rescató por su gracia, y nos permitió salir de esa tumba de pecado, y ahora, miramos a Jesús y anhelamos ser como Él.

Además, algunos de ustedes recuerdan cuando fueron librados de la desesperación. Es una cosa terrible ser despojado de toda esperanza de salvación, y estar al borde de perder el juicio. Muchos de ustedes vinieron a Cristo en circunstancias llevaderas, pero otros estando en medio de una tempestad. Si tu caso es el primero, dale gracias a Dios, pero algunos de nosotros tuvimos graves dificultades al tratar de tocar el borde de su mano, fuimos presionados y aplastados por la multitud, y en ocasiones parecíamos perder el aliento. Recuerdo, en mi caso, cuando estaba bajo convicción de pecado, que mi alma rodaba de un lado a otro y se tambaleaba como un borracho; sin embargo, el Señor me libró y me enseñó a descansar en Él, y entonces me otorgó plena seguridad (aunque antes había pensado que su misericordia nunca me alcanzaría). Amado, si al describir mi experiencia tú te identificas con ella, bendigamos juntos al Señor por su misericordia al librarnos de una muerte tan grande. El recuerdo de nuestra liberación del pecado y de la desesperación debe ocupar el primer lugar en nuestras memorias agradecidas.

Pero dime: ¿no has sido muchas veces librado de la tentación? En cuanto a esto, seguro puedes decir como el salmista: «En cuanto a mí, casi se deslizaron mis pies; Por poco resbalaron mis pasos» (Salmo 73:2); sin embargo, el Señor misericordiosamente te preservó. Si miras al pasado con detenimiento, verás muchas ocasiones en las que, si no hubiera sido por la misericordia interpuesta del Señor, habrías caído en el pantano a tu derecha o en el lodazal a tu izquierda. Si el Señor no hubiese sido el piloto de tu barco, habrías naufragado en las rocas de Escila, o se hubiese sumergido en el remolino de Caribdis.[9] ¿No te preguntas a veces cómo lograste superar esa peculiar tentación, cual era tan adecuada a las circunstancias, y tan fascinante para tu carne? Sin embargo, no sabías en ese momento que era una tentación, y no tuviste la sabiduría necesaria para hacer frente a la astucia de satanás; no obstante, no fuiste tomado cautivo en la red satánica, aunque la tendió sobre ti con toda su astucia; ¡por esa liberación debéis bendecir el nombre del Señor! Hay algunos de ustedes que deberían alabarlo por las liberaciones por las que lloraron en ese momento. Él no te dejó tener lo que en ese momento deseabas; estabas decepcionado y hablaste de que tu corazón estaba roto. ¡Ah! Pero el trato del Señor contigo te salvó de tener para siempre un corazón quebrantado. Tú dijiste: «¡Ah! ¡Pobre de mí! He perdido algo que atesoraba con cariño». Pero, gracias a Dios que lo perdiste, porque lo que creías que era un brazalete resplandeciente de joyas, realmente era una víbora que, si la hubieses agarrado, te habría picado hasta la muerte. ¡Bendito sea Dios por no escuchar algunas de nuestras oraciones! ¡Bendito sea el Señor por no satisfacer muchos de nuestros deseos!

---

[9] En la mitología griega, lugares en medio del mar de gran peligro. La expresión «en medio de Escila y Caribdis» significa que no se puede evitar un peligro sin caer en otro.

También debemos alabarle por la liberación del Señor en tiempo de angustia. No sois todos juzgados por igual. Estoy muy agradecido de que algunos de ustedes no estén tan preocupados como otros; pero sé que me dirijo a algunos cuyas pruebas han sido muchas y muy pesadas. Tu camino ha sido muy duro. Juan Bunyan escribe: «Un cristiano rara vez se siente cómodo por mucho tiempo; cuando se acaba un problema, se apodera de él otro»; y esto ha sido cierto en la vida de muchos de nosotros. Podemos decir como el salmista: «Pasamos por el fuego y por el agua» (Salmos 66:12). Algunos de los hijos de Dios han sido tan abatidos en sus circunstancias, que han tenido que vivir «al día», aunque no sé si muchos de nosotros vivimos de manera muy diferente a eso. Hay algunas personas piadosas que nunca llegan a tener alguna provisión para el futuro (incluso si la anhelan); sin embargo, no sé si hay algo realmente grave en eso porque los gorriones y los cuervos viven de esa manera, pero Dios los cuida. No obstante, algunos de ustedes pasan por pruebas de escasez en el hogar, o pruebas de enfermedad en ustedes mismos o en alguna persona querida de ustedes. Hay todo tipo de pérdidas y cruces; de pruebas y problemas que los piadosos tienen que soportar. Sí, esto es cierto, pero ninguna de estas cosas nos ha aplastado todavía, porque el Señor nos ha librado. En mi congregación hay una viuda pobre, la cual, si usted la viera, inmediatamente se podrá pregunta, ¿cómo ha sido ella capaz de criar esa gran familia de niños pequeños? Apenas si podían ser sustentados cuando el marido vivía; sin embargo, aun no estando el jefe de la casa, todavía ellos tienen lo suficiente. ¿Qué diremos a esto? ¡Es algo increíble, pero es verdad! Y, ¿qué me dices tú, quien repentinamente parecías ver todas tus expectativas disueltas, como el espejismo de un desierto, pero que milagrosamente fuiste ayudado por el Señor? En ese momento, dijiste: «Si tal o cual cosa sucediera, eso me mataría». Y ciertamente sucedió, pero no te mató, porque estás aquí para testificar de la misericordia y de la liberación del Señor. Un mensajero de Job sucedía tras otro para traerle malas noticias, pero el Señor le libró de las pruebas que amenazaban con aplastarle. Ciertamente no habría tiempo para mencionar todas las liberaciones del Señor en el pasado; y, probablemente, la mayoría de ellas, ni siquiera las conocemos. Gloria a Dios por las misericordias desconocidas, favores que llegaron en la noche, cuando más las necesitábamos, favores que nos ayudaron a dormir y despertar renovados; favores que se introdujeron —con pasos silenciosos— en nuestro hogar y en nuestro corazón y que fueron dejando rastros del aceite sagrado de la misericordia divina.

Esa es la primera línea de pensamiento, *la memoria*, la memoria que habla de las liberaciones del pasado.

2) La observación

La segunda es *la observación*, la cual se aplica al tiempo presente y a al futuro: «y librará». Abrid los ojos, hermanos míos, y ved cómo Dios os está liberando en este momento. No digo que, aun cuando abramos bien los ojos, logremos percibir todas nuestras liberaciones, porque muchas veces habéis sido salvados de la angustia, mientras que otras veces habéis sido librados de caer en ella. Les he contado ya la historia del buen anciano puritano, quien se encontró con su hijo en una casa de retiro. Cuando el joven entró, dijo: «Padre, hoy he sido tocado por la Providencia mientras cabalgaba hasta aquí». «¿Qué sucedió contigo, hijo mío?». «Mi caballo no tropezó en todo el camino, así que no caí de él». Sabes, si nos encontramos en un accidente ferroviario y escapamos de ser heridos, decimos: «Se debió a la providencia de Dios». Sí, pero ¿qué no es mayor providencia cuando nos salvamos de un accidente ferroviario simplemente al quedarnos en casa? A menudo no vemos la misericordia de Dios en esto último, pero está presente. ¡Qué gran evidencia de liberación divina hay en el hecho de que ustedes están aquí, vivos hoy! Pues incluso un incidente relativamente insignificante podría haber resultado en su muerte. Puede ser que mañana por la mañana tengas dudas sobre cuál camino tomar; pero la providencia de Dios te indicará cual camino elegir, y tu elección puede afectarte el resto de tu vida.

Si no estás siendo atacado por alguna tentación es porque Dios te está librando de ella. Sin embargo, puede ser que satanás esté planeando alguna nueva tentación con la cual atacarte; pero, aunque él desea zarandearte como a trigo, Cristo está orando por ti, para que tu fe no falte. Podríamos haber caído en el error doctrinal si no hubiera sido por la pura misericordia de Dios. ¡Cuán propensas son las personas reflexivas a dejarse llevar por las novedades! Parece como si no pudieran resistirse a la coerción del argumento con el cual se sustenta la nueva enseñanza. Pero se nos ha impedido ceder a ella al tener nuestros corazones establecidos en la fe; de modo que no cedimos a creer en la nueva doctrina, sino que la hemos juzgado mediante la Palabra de Dios, y así se nos ha impedido vagar por caminos tortuosos.

¡Cuán bondadosamente Dios está preservando a muchos de nosotros de la lengua de la calumnia! Es maravilloso para cualquier hombre vivir mucho tiempo en público sin ser acusado de algún crimen vil; porque aún la mujer que vive más retirada, la ama de casa que no hace más que cuidar de sus propios hijos, aun ella podría encontrar alguien que la calumnie. No siempre podéis escapar de la lengua envenenada de la calumnia, por eso, que Dios mantenga la reputación de cualquier hombre cristiano sin mancha año tras año es un motivo de gran gratitud.

No sabemos dónde estaríamos o qué habríamos tenido que pasar si la protección de Dios no hubiese estado como un muro de fuego alrededor de nosotros, y precisamente ahora continúa alrededor de nosotros, porque todavía el Señor librará a todos los que en Él confían. Quiero que ustedes, queridos hermanos y hermanas, crean con confianza incuestionable que Dios los está liberando ahora mismo. Sabes que te ha liberado, ten la misma seguridad de que te está liberando en este momento. «¡Oh!» —dice uno— «Estoy encerrado en el calabozo de la desesperación». Sí, pero tu Señor tiene una llave que puede abrir la puerta, y así dejarte salir. «Sí, pero estoy en gran necesidad». Confía, Él lo sabe todo, y tiene su cesta en la mano, llena de cosas buenas con las que suplirá todas tus necesidades. «¡Oh!» —dice otro— «me estoy hundiendo en la inundación». Confía que el Señor te está arrojando el salvavidas. «¡Oh, pero me estoy desmayando!». Cree que el Señor te está poniendo un frasco de dulce perfume en la nariz para refrescar tu espíritu. Dios está cerca de ti para revivir y alegrar tu alma que desfallece. Tal vez alguien diga: «Encuentro fe respecto al pasado y respecto al final de los tiempos, pero me cuesta trabajo ejercitar esa fe para la próxima hora». En ciertos momentos, la prueba está presente y es difícil darse cuenta de que Dios es «nuestro pronto auxilio en las tribulaciones» (Salmos 46:1); sin embargo, esto es cierto, y Él ha librado y Él libra.

3) La expectativa

La tercera línea de pensamiento es *la expectativa*, es decir, una ventana por donde se mira hacia el futuro: «En quien esperamos [confiamos] que aún nos librará». Esta esperanza es una torre fuerte en nuestra batalla contra el enemigo. Sí, queridos amigos, puede ser que existan muchas pruebas por delante; pero hay también una gran cantidad de misericordia reservada para enfrentar esas pruebas. Problemas como nunca los has conocido, así como repeticiones de los que ya has experimentado, seguramente te sobrevendrán; pero según tus días, así será tu fortaleza, porque tu Señor continuará librándote. A medida que los ojos se desvanecen poco a poco, y las extremidades se debilitan, y las enfermedades de la edad se abalanzan sobre nosotros, somos propensos a estar afligidos; sin embargo, nuestro Señor no nos abandonará. Cuando una enfermedad grave invade nuestro cuerpo mortal, y nuestros dolores se multiplican e intensifican, nos preguntamos cómo vamos a soportar hasta el final; y sobre todo, mientras esperamos con interés el momento de la muerte, decimos: «¿Qué haré en las crecidas del Jordán? ¿Cómo seré capaz de soportar las severas realidades de mis últimas horas?». Tenga buen consuelo, mi hermano, mi hermana; el que ha librado y libra, Él mismo librará. Tan cierto como que viene la prueba, tu Señor te abrirá la vía de escape (1 Corintios 10:13). ¿Te has dado cuenta de todo esto de lo que hablo? Él te ha librado; entonces, dale gracias; te está liberando, dale tu confianza; asimismo, Él te librará, por tanto, ten una plena y gozosa expectación, y comienza ahora mismo a alabarle por las misericordias que están por venir, y por la gracia que aún no has gustado, pero de la cual disfrutarás a su buen tiempo.

Tres líneas de argumento

Todas estas líneas se dirigen al mismo tiempo: se trata de demostrar que el Señor librará a su pueblo; argumentar que Él nos librará en el futuro porque ya ha comenzado a liberarnos. Aquí hay una cadena de continuidad, Él nos ha librado; Él nos libra; y Él nos librará. Él comenzó a trabajar por nuestra liberación mucho antes de que lo buscáramos. El primer movimiento no fue de nosotros hacia Dios, sino de Dios hacia nosotros. Estábamos en nuestros en nuestros delitos y pecados, y Él vino y nos dio vida. Él entregó su vida y murió por nosotros muchos siglos antes de que naciéramos; nos otorgó el evangelio mucho antes de que tú y yo hubiéramos pecado; en todo Él tuvo la primera iniciativa, y estuvo de antemano con nosotros. Sin embargo, Él no necesitó haber hecho todo esto, sino fue por su propia elección y su libre albedrío que actuó. Me regocijo en esa voluntad de Dios que lo movió a librarnos.

Seguramente, dado que el motivo que lo impulsó a salvarnos estuvo solo en Él mismo, ese motivo está todavía en pie. Si hubiera comenzado a liberarnos porque vio algo bueno en nosotros, o porque en primera instancia nos dirigimos a Él, entonces podría dejarnos después de todo; pero la iniciativa fue de Él mismo, de su propio corazón, espontáneamente; por tanto, puedes estar seguro de que, así como comenzó en nosotros esta buena obra, la continuará (Filipenses 1:6).

Dios no tiene más conocimiento de ninguno de nosotros del que tenía al principio. Cuando comenzó con nosotros, Él sabía lo que debíamos de ser; Él sabía de nuestros pecados y de todas nuestras locuras, de todas nuestras ingratitudes, y de todas nuestras rebeliones. Él no entró con los ojos vendados en una tarea que, después de pensarlo dos veces, tendría que abandonar; sin embargo, aún desde la eternidad, Él nos vio tal y como había de ser. Sin embargo, Él comenzó con nosotros; y habiendo comenzado con un deliberado amor eterno, podemos estar seguros de que Él continuará con su propósito misericordioso y perseverará en ese amor eterno. Si al principio hubiese habido en nosotros alguna razón por la cual Dios debiera comenzar a librarnos, entonces, si ya no existiera esa razón, Dios podría dejar de librarnos; pero como la razón no estaba en nosotros, sino en Él mismo, puesto que Él nunca puede cambiar, la razón de nuestra liberación permanece intacta, y el argumento es bueno y claro: Dios nos ha librado, por tanto, Él nos librará.

El siguiente argumento proviene del hecho de que, como ahora nos está librando de nuestros enemigos, Él continuará haciéndolo. Aquí está la continuidad de su gracia. Ahora mira, amado; Él hasta este momento no ha cesado de liberarnos a ti y a mí, que hemos confiado en Él. ¿Cuántas veces me ha librado? ¿De cuántas tribulaciones he sido librado? ¿De cuántos pecados he sido librado? Bueno, si el Señor ha seguido librándome durante todo ese tiempo, argumento que, si alguna vez hubiera tenido la intención de dejar de hacerlo, ya lo hubiera hecho; por tanto:

«El amor que me ha tenido me prohíbe pensar
Que Él me dejará finalmente hundirme en los problemas;
Y cada vez que reviso mi vida digo: Ebenezer,
Él siempre ha querido ayudarme y lo ha hecho hasta el final.

Cuando un hombre comienza a construir, este calcula si podrá terminar.
Pero sabemos que nuestro Dios puede completar lo que empezó,
Y así concluimos que Él mismo lo hará.

Siendo que ha llegado tan lejos conmigo, no puede renunciar a mí ahora
¿Podría ser tal cosa, que me enseñó a confiar en su Nombre
Para después traerme hasta aquí para avergonzarme?». [10]

No, eso nunca puede ser; y muchos de ustedes deben sentir lo mismo que yo en cuanto a esto. Algunos de ustedes están, por así decirlo, sentados en el mismo umbral del cielo; tienes más de ochenta años, por lo que no podrás estar en esta tierra por mucho tiempo más; ¿no puedes confiar en el Señor durante los pocos meses o años que te restan por vivir? Él te ha estado ayudando, mi anciana hermana, desde que eras una niña; y Él te ha librado de toda clase de angustias, ¿crees que te dejará ahora? Y mi querido y venerable hermano, conociste al Señor cuando eras tan solo un niño, y Él nunca te ha dejado, ¿te abandonara ahora? ¡No! ¡Bendito sea su nombre, no lo hará! Todos esos años en los que nos ha otorgado su favor nos confirman y nos dan convicción de que Él seguirá liberándonos hasta que nos lleve a salvo a casa.

El Señor no solo nos ha librado muchas veces, sino que lo ha hecho de una manera tan maravillosa, que Él seguirá obrando de manera similar. ¡Qué maravillosa sabiduría ha mostrado a veces, al librarnos de las consecuencias de nuestra propia insensatez! Muchas veces ha prodigado su misericordia sobre nosotros y nos ha ayudado en un momento de necesidad, y ni una sola vez nos ha fallado. Él no ha roto una sola de sus promesas, ni nos ha negado una sola de las bendiciones de su pacto. Si alguno de vosotros, que lo conocéis desde hace tiempo, tiene algo que decir contra vuestro Dios, dígalo ahora; pero no lo has hecho, nunca has tenido ninguna razón para dudar de Él, ni has tenido ninguna sospecha de infidelidad de su parte, pues nada de lo que Él ha hecho puede llevarte a desconfiar de Él en el futuro. Él te ha librado, te está librando, y aún te librará.

Hay dos argumentos extraídos del pasado y del presente; sin embargo, el mejor argumento viene de Dios mismo: «En quien

---

[10] Canción *Begone! Unbelief, My Savior is Near*, por John Newton (1779).

esperamos [confiamos]». Él es siempre el mismo, y todo está siempre presente en su mente inmutable. ¿Cuál era la naturaleza de Dios cuando decidió librarte por primera vez? ¿amor (pues Dios es amor)? Entonces, Él continúa siendo amor. ¿Cuál fue el motivo que impulsó al Hijo de Dios a venir del cielo para sacarme del lodo cenagoso? Fue por amor, un amor sorprendente; y es ese amor sorprendente lo que todavía lo mueve a librarme. ¿Canté de su fidelidad antier? Esa fidelidad es exactamente la misma hoy. ¿He adorado su sabiduría? Esa sabiduría no se agota.

No solo es la naturaleza de Dios la que nunca cambia, sino también hay en Él un propósito inmutable. Tú y yo cambiamos y cambiamos; y estamos obligados a hacerlo, pues hacemos promesas precipitadas y planes defectuosos; pero Dios, quien es infinitamente sabio, siempre se mantiene en su propósito. Ahora bien, si su propósito original era salvarnos —y este debió haber sido, pues de otra manera nunca nos habría liberado como lo ha hecho— ese propósito sigue en pie, y permanecerá para siempre. Aunque las viejas columnas de la tierra se inclinen, aunque el cielo y la tierra pasen como la escarcha de la mañana, la cual se disuelve con los rayos del sol naciente; sin embargo, el decreto del inmutable Jehová nunca cambiará. «Porque Jehová de los ejércitos lo ha determinado, ¿y quién lo impedirá? Y su mano extendida, ¿quién la hará retroceder?» (Isaías 14:27).

Tres inferencias

La primera inferencia que deduzco de esto es que siempre estaremos en peligro mientras estemos aquí. El Señor ha librado, libra y librará, así que siempre necesitaremos la liberación divina mientras estemos en este mundo. No debemos esperar que estaremos fuera del alcance de los disparos del enemigo. Pueden estar seguros, hermanos y hermanas en Cristo, de que siempre tendrán tribulación mientras estén en este mundo, tendrán pruebas en la carne, tendrán pruebas en el espíritu, tendrán pruebas de parte de Dios, y pruebas de satanás; y si en cualquier momento estáis mucho tiempo sin tener problemas estad atentos, porque probablemente algún problema está en camino hacia vosotros. Siempre debemos sospechar algún peligro cercano cuando percibimos demasiado placer. Cuando Dios nos ha dado un largo tramo de navegación tranquila, nos conviene gobernar nuestro barco con cautela, y estar listos para plegar las velas en cualquier momento, porque un ciclón puede estar sobre nosotros antes de que lo pensemos. No necesitamos pedirle al Señor que nos envíe problemas, pero cuando vengan, tengamos la gracia de aceptarlos, y de glorificar a Dios en ellos. Mientras estemos en este mundo sabremos lo que es el mundo, así que no nos equivoquemos: el diablo es diablo, el mundo es mundo, y la carne es carne. Ninguna de estas cosas ha cambiado, y la misericordia de Dios no ha cambiado, Él sigue siendo Dios, y el mundo sigue siendo lo que siempre ha sido. Si encontrara que el mundo no fuere el mundo, podría temer que Dios no fuera Dios, pero eso jamás será el caso. La guerra espiritual y la lucha es siempre constante. Así que, como las pruebas siempre están surgiendo, puedo sospechar con toda razón que siempre vendrán mientras tú y yo estemos sobre esta tierra; sin embargo, también creo plenamente que Dios siempre será el mismo, y que Él liberará a todos los que confíen en Él.

La segunda inferencia del texto es esta: podemos esperar constantemente la demostración de la gracia de Dios. El pasado dice: «Él te ha librado»; el presente dice: «Él te está librando»; y el futuro dice: «Él aún te librará». Ayer, Dios fue muy misericordioso conmigo; hoy ha sido muy misericordioso conmigo; mañana también será muy misericordioso conmigo. Y lo mismo sucederá al día siguiente, y al siguiente, hasta que no haya más días por vivir, y el tiempo será consumido en la eternidad. Entre aquí y el cielo, cada minuto que el cristiano viva aquí será un minuto de gracia. Desde aquí hasta el trono del Altísimo, ustedes y yo tendremos que ser abastecidos con nueva y fresca gracia del Señor —del que está sentado en las alturas— cada día. Querido hermano, tú nunca vives un día verdaderamente santo, feliz y bendito excepto por la gracia divina; nunca piensas correctamente, ni actúas como se debe, ni avanzas hacia el cielo, excepto por la gracia. Me gusta pensar así, que cada día mi propia vida es un monumento de misericordia; que cada día es hecho para mí un nuevo acto de la gracia soberana de Dios; cada día mi Padre me alimenta, mi Salvador me limpia, y el Consolador me sostiene. Todos los días, hay para mí nuevas manifestaciones de la bondad amorosa del Señor, las cuales brotan sobre mi alma maravillada, y me dan visiones frescas de su amor milagroso. No pude encontrar otra palabra para expresar lo que quería decir, sino que esta palabra saltó de mi boca en este momento: ¡su amor milagroso! Esto es muy cierto, porque su amor es obrador de milagros, Él hace que la vida del cristiano será una serie de milagros, milagros que desde el cielo los ángeles contemplan con asombro y adoración. Así que considero que podemos seguir adelante con gran confianza; porque, aunque cada día traerá peligros, cada día también será testigo de liberaciones divinas.

La tercera y última inferencia que extraigo de este texto es que toda nuestra vida debe estar llena de alabanza a Dios, nuestro libertador. ¿De qué se trata esto? ¿De que Él nos liberó y luego nosotros nos liberamos a nosotros mismos? ¡No! ¡Mil veces no! Él nos liberó; Él nos librará; pero, ¿qué del futuro? ¿Debemos liberarnos nosotros? ¡No! ¡Mil veces no! Él nos ha librado, Él nos libera; y aún nos librará; como ha sido desde el principio, lo será ahora y siempre; mientras estemos a las puertas del cielo, cantemos la misma canción, con la misma melodía, sea siempre esta una alabanza de la gracia; alabemos la gracia; alabemos al Dios de gracia, al Padre de gracia, al Cristo de gracia, al Espíritu Santo y a su gracia; y a Dios sea toda la gloria, por los siglos de los siglos. Amén.

CAPÍTULO 7
El secreto del poder de la oración

«Si permanecéis en mí, y mis palabras permanecen en vosotros, pedid todo lo que queréis, y os será hecho» (Juan 15:7).

Los creyentes nunca disfrutan de todos los dones otorgados por la gracia al mismo tiempo. Celebramos el día en que nos unimos a Cristo y fuimos salvos al unirnos verdaderamente a Él; pero es al permanecer en esa unión que recibimos más pureza, más gozo, más poder y más bienaventuranza, cosas que han sido provistas de antemano por Dios para su pueblo. En cuando a nuestro versículo base, observa lo que nuestro Señor declara cuando habla a los judíos creyentes en Juan 8:31-32: «Dijo entonces Jesús a los judíos que habían creído en él: Si vosotros permaneciereis en mi palabra, seréis verdaderamente mis discípulos, y conoceréis la verdad, y la verdad os hará libres». No conocemos toda la verdad a la vez, aprendemos permaneciendo en Jesús. La perseverancia en la gracia es un proceso educativo mediante el cual aprendemos plenamente la verdad. El poder emancipador de la verdad también se percibe y se disfruta gradualmente. «La verdad te hará libre». Un lazo tras otro se va rompiendo, hasta que somos verdaderamente libres. Ustedes, jóvenes principiantes en la vida divina, pueden alegrarse al saber que hay aún algo mejor para ustedes: aún no han recibido la recompensa completa de su fe. Como dice el himno: «Siempre es mejor que antes». Tendrás visiones más felices de las cosas celestiales a medida que subas la colina de la experiencia espiritual. Mientras continúas permaneciendo en

Cristo tendrás una confianza más firme, un gozo más rico, una mayor estabilidad, una mayor comunión con Jesús y un mayor deleite en el Señor tu Dios. La infancia está plagada de muchos males de los que está exenta la edad adulta; lo mismo ocurre en el mundo espiritual que en el natural.

Existen grados de logro entre los creyentes, y el Salvador aquí nos anima a alcanzar una posición elevada al mencionar cierto privilegio que no es para todos en general sino solo para los que permanecen en Él. Todo creyente debe ser permanecer en Él, pero algunos apenas si se les puede llamar *creyentes*. Jesús dice: «Si permanecéis en mí, y mis palabras permanecen en vosotros, pedid todo lo que queréis, y os será hecho». Tienes que vivir con Cristo para conocerlo, y cuanto más vivas con Él, más lo admirarás y lo adorarás; y así, más recibirás de Él: gracia sobre gracia (Juan 1:16). Verdaderamente Él es un Cristo bendito para uno que tiene solo un mes en la gracia; ¡pero esos bebés difícilmente pueden decir cuán precioso es Jesús al considerar aquellos cuya relación con Él ha permanecido casi medio siglo! Jesús, en la estima de los creyentes que permanecen, se vuelve más dulce y más querido, más y más hermoso, día tras día. No es que Él mejore en sí mismo, pues Él es perfecto, sino que, a medida que aumentamos nuestro conocimiento de Él, apreciamos más a fondo sus incomparables excelencias. ¡Con que entusiasmo pueden exclamar sus viejos conocidos: «oh, cuán maravilloso es Jesús»! ¡Oh, que podamos seguir creciendo en todo en aquel que es nuestra Cabeza, y que cada día podamos apreciarlo más y más!

En consideración al texto base para este capítulo, meditemos en tres preguntas: Primero, ¿cuál es esta bendición especial? «Pedid lo que queráis, y os será hecho». Segundo, ¿cómo se obtiene esta bendición especial? «Si permanecéis en mí, y mis palabras permanecen en vosotros». Por último, ¿por qué se obtiene de esta manera? Debe haber alguna razón respecto al establecimiento de las condiciones necesarias para obtener el poder prometido en la oración. ¡Oh, que la unción del Espíritu Santo, quien mora en nosotros, haga de este tema algo muy provechoso para nuestras almas! ¡Que nuestra lucha en oración sea bien gratificada!

¿CUÁL ES ESTA BENDICIÓN ESPECIAL?

Leamos el versículo de nuevo. Jesús dice: «Si permanecéis en mí, y mis palabras permanecen en vosotros, pedid lo que queráis, y os será hecho». Observa que nuestro Señor nos advierte que separados de Él no podemos hacer nada (Juan 15:5); por tanto, esperaríamos que nos explicara qué significa esto en el sentido espiritual; pero en ese texto no se nos dice. El Señor Jesús no dice: «Separados de mí nada podéis hacer, pero si permanecéis en mí, y mis palabras permanecen en vosotros, haréis todas las cosas que se refieren a lo espiritual y a la gracia». Asimismo, Él no habla en este texto de lo que ellos *serían capaces* de hacer, sino de lo que se les hará [o concederá] *a ellos*: «y os será hecho». Él no dice: «Se os dará la fuerza suficiente para hacer todas aquellas obras santas de las que sois incapaces sin mí». Eso habría sido bastante cierto, (pues las verdades espirituales son las que buscamos en primer lugar); pero nuestro sapientísimo Señor mejora todos los paralelismos de la palabra y las expectativas del corazón, y dice algo todavía mejor. Él no dice: «Si permanecéis en mí, y mis palabras permanecen en vosotros, haréis cosas espirituales»; más bien, nos anima a pedir: «Pedid...». Es decir, mediante la oración se nos anima a pedir lo que queramos. Se nos otorga aquí un privilegio que bien podemos aprovechar: prevalecer mediante la oración. El poder que tenemos en la oración es en gran medida lo que determina nuestra condición espiritual; y si nuestra condición espiritual es poderosa, entonces esto nos favorecerá en todos los demás aspectos de la vida.

Por tanto, uno de los primeros resultados de nuestra unión permanente con Cristo será el ejercicio de pedir en oración. Si los demás no buscan, ni llaman, ni piden, vosotros sí. Los que se alejan de Jesús no oran. Aquellos que han suspendido su comunión con Cristo sienten como si no pudiesen orar; pero Jesús dice: «Si permanecéis en mí, y mis palabras permanecen en vosotros, pedid». La oración surge espontáneamente de quienes permanecen en Jesús, así como algunos árboles orientales, los cuales, de forma natural, derraman sus fragantes aromas. La oración es el derramamiento natural de un alma en comunión con Jesús. Así como la hoja y el fruto saldrán de la vid sin ningún esfuerzo consciente de la rama, sino solo como consecuencia de su unión viviente con el tallo, así sucederá con los capullos de oración, las flores y los frutos de las almas de todos los moran en Jesús. Como brillan las estrellas, así los que habitan en Jesús oran. Esto es su práctica común y su segunda naturaleza. No se dicen a sí mismos: «Ahora es el momento de que pongamos manos a la obra y oremos». No, ellos oran como los comensales comen, es decir, el deseo de orar está siempre en ellos. No claman como si estuviesen obligados a hacerlo: «En este momento debo estar en oración, pero no tengo ganas. ¡Qué fastidio!». ¡No! Ellos van alegremente al propiciatorio, y se regocijan de ir allí. Los corazones que permanecen en Cristo emanan súplicas como los fuegos emanan llamas y chispas. Las almas que permanecen en Jesús abren el día con oración, la oración los envuelve como una atmósfera durante todo el día; por la noche se duermen orando. Los he conocido incluso soñar que están orando, y ellos pueden siempre decir: «Despierto, y aún estoy contigo» (Salmos 139:18). El pedir habitual proviene de permanecer en Cristo. Si tú estás en Cristo, no necesitas que te animen a orar, y Él te dice: «Pídeme», y tú, por consecuencia, lo harás.

Si permaneces en Cristo sentirás poderosamente la necesidad de orar; y esta gran necesidad de orar será evidente. Ah, pero te oído decir: «¡Qué! Si permanecemos en Cristo, y sus palabras permanecen en nosotros, ¿acaso no es algo que ya hemos alcanzado?». Entre más estamos cerca del Señor, más sentimos que necesitamos pedir una gracia mayor; también, el que conoce mejor a Cristo, conoce mejor sus propias necesidades. El que está más consciente de su vida en Cristo también está más convencido de su propia muerte separado de Cristo. El que más claramente discierne el carácter perfecto de Jesús orará más urgentemente para crecer en la gracia, para que pueda ser como Él. Entre más entiendo que estoy en mi Señor, más deseo recibir de Él, sabiendo que todo lo que hay en Él está disponible para mí. «Porque de su plenitud tomamos todos, y gracia sobre gracia» (Juan 1:16). Precisamente en la medida en que estamos unidos a la plenitud de Cristo sentimos la necesidad de recurrir a Él mediante una oración constante. Nadie necesita probar —para quien mora en Cristo— la doctrina de la oración, porque la disfrutamos. La oración es ahora una necesidad de nuestra vida espiritual tanto como lo es el aliento para la vida natural: no podemos vivir sin pedir favores al Señor. «Si permanecéis en mí, y mis palabras permanecen en vosotros, pediréis», y no querréis dejar de pedir. Él ha dicho: «Buscad mi rostro», y vuestro corazón responderá: «Tu rostro, buscaré, oh Jehová» (Salmos 27:8).

Nótese a continuación que el fruto de nuestra permanencia no solo es el ejercicio de la oración (en el sentido de la necesidad de orar), sino que se incluye también la libertad en la oración: «Pedid lo que queráis». ¿No te ha pasado que has estado de rodillas sin tener poder para orar? ¿No sientes a veces que no puedes rogar como te gustaría rogar? Querías orar, pero las aguas estaban congeladas y no fluían. En ese momento dijiste con tristeza: «Encerrado estoy, y no puedo salir» (Salmos 88:8). La voluntad estaba presente, pero no la libertad de presentar esa voluntad en oración. ¿Deseas, pues, libertad en la oración, para que puedas hablar con Dios como habla un hombre con su amigo? Esta es la manera de hacerlo: «Si permanecéis en mí, y mis palabras permanecen en vosotros, pedid todo lo que queráis». No quiero decir con esto que obtendrás libertad en cuanto a la mera fluidez de expresión, porque ese es un don muy inferior. La fluidez es un don cuestionable, especialmente cuando no va acompañada del peso del pensamiento y de la profundidad de los sentimientos. Algunos hermanos oran considerando solo la extensión; pero la verdadera oración se mide por el peso, y no por la longitud. Un solo gemido ante Dios puede tener más plenitud de oración que una hermosa oración de gran extensión. El que mora con Dios en Cristo Jesús, ese es el hombre cuyos pasos se ensanchan en la intercesión. Viene confiadamente porque mora en el trono. Ve el cetro de oro extendido y escucha al Rey decir: «Pide lo que quieras, y te será hecho». Es el hombre que mora en unión constante con su Señor quien tiene libertad de acceso en la oración. Bien puede venir a Cristo prontamente, porque está en Cristo y permanece en Él. No intenta apoderarse de esa santa libertad por emociones o presunción: solo hay una forma de obtenerla en verdad, y es esta: «Si permanecéis en mí, y mis palabras permanecen en vosotros, pedid lo que queráis». Solo por este medio podrás abrir bien tu boca, para que Dios la llene. Así os convertiréis en *Israeles*, cuyos príncipes tienen poder ante Dios.

Y esto no es todo: el hombre favorecido tiene el privilegio de tener una oración exitosa. «Pedid todo lo que queréis, y os será hecho». No podéis hacerlo vosotros, pero os será hecho. Anheláis dar fruto: pedid, y se os hará. Mira la rama de la vid. Simplemente permanece en la vid y sale fruto de ella. Hermano en Cristo, el propósito de tu ser, su único objetivo y su diseño es dar fruto para la gloria del Padre: para alcanzar este fin debes permaneces en Cristo, como la rama permanece en la vid. Este es el método por el cual su oración por fruto tendrá éxito, «y os será hecho». Tendrás una maravillosa permanencia con Dios en la oración, de tal manera, que antes de que llames, Él te responderá, y mientras aún estés hablando, Él te escuchará. «A los justos les será dado lo que desean» (Proverbios 10:24). En el mismo sentido está este otro texto: «Deléitate asimismo en Jehová, Y Él te concederá las peticiones de tu corazón» (Salmos 37:4). Hay una gran amplitud en este texto: «pedid todo lo que queréis, y os será hecho» (Juan 15:7). El Señor da carta blanca a aquel que permanece en Él, y pone en su mano un cheque firmado, y le permite llenarlo como quiera.

¿Realmente el texto significa lo que se lee literalmente? Nunca he sabido que mi Señor haya dicho algo que no quisiera decir. Estoy seguro de que a veces un pasaje puede significar más de lo que entendemos que literalmente dice, pero nunca significa menos. Pero, ¡cuidado! Él no dice a todos que les dará «todo lo que pidan». ¡Oh no!, de hecho, eso sería una falta de bondad; pero Él le habla a sus discípulos, y les dice, «Si permanecéis en mí, y mis palabras permanecen en vosotros, pedid todo lo que queréis, y os será hecho». Aquí está hablando a cierta clase de personas que ya han recibido una gran gracia de sus manos; es a ellos a quienes confía este maravilloso poder, el poder de la oración. ¡Oh mis queridos amigos, permanecer en Cristo es en primer lugar lo que prevalece en mi oración como la oración más fervorosa, y el bien que más codicio sobre todos los demás!; pues si logro permanecer en el Señor, tendré también el resto de sus bendiciones. El predicador que prevalece en la oración será un predicador de éxito, porque si este prevalece con Dios primero, entonces prevalecerá y vencerá con los hombres. Quizá él o ella deberá afrontar dificultades en sus emprendimientos; sin embargo, ¿qué le podría desconcertar si él o ella ha aprendido a llevar todo a Dios en oración? En una iglesia, un hombre como este, o una mujer como esta, vale más que diez mil entre la gente común. Ellos tienen las llaves del reino de los cielos. Tenemos en ellos los hombres y las mujeres en quienes se cumple el propósito de Dios para con la humanidad, aquella a quien hizo que enseñorease sobre todas las obras de sus manos. El sello de la soberanía de Dios está en sus frentes: ellos dan forma a la historia de las naciones, ellos encaminan los acontecimientos del mundo mediante el poder de lo alto. Vemos a Jesús con todas las cosas puestas bajo su dominio de acuerdo al propósito divino; y mientras nos elevamos a esa imagen, también nosotros somos revestidos de dominio, somos hechos reyes y sacerdotes para Dios. He aquí Elías, con las llaves de la lluvia ondeando en su cinto; él cierra o abre las ventanas del cielo. Todavía hay hombres así con vida. Aspirad a ser tales hombres y mujeres, os lo ruego, para que el texto se cumpla. «Pediréis lo que queráis, y se os hará».

El texto parece implicar que, si logramos llegar a este punto de privilegio, el don será perpetuo: «Pediréis, pediréis siempre; nunca pararéis de pedir, pero pediréis con éxito, *porque pediréis lo que queráis, y se os hará*». Aquí tenemos el don de la oración continua. No durante la semana de oración, ni durante una reunión especial cada mes, ni en algunas ocasiones especiales en donde se ora por algo predominantemente; no, aquí habla de poseer el poder de Dios en tanto que permanezcáis en Cristo, y sus palabras permanezcan en vosotros. Dios pondrá a vuestra disposición su omnipotencia: pondrá a vuestra disposición su Divinidad para cumplir los deseos que su propio Espíritu ha puesto en vosotros. ¡Cómo deseo poder hacer que esta joya brille ante los ojos de todos los santos hasta que griten: «Oh, cuánto la anhelo»! Este poder en la oración es como la espada de Goliat: sabiamente *cada David* podrá decir: «Ninguna como ella, dámela» (1 Samuel 21:9). Esta arma de la oración constante golpea al enemigo y, al mismo tiempo, enriquece a su poseedor con toda la riqueza de Dios. ¿Cómo puede faltarle algo a quien el Señor ha dicho: «Pide lo que quieras, y se te hará»? Vamos, busquemos esta bendición. Escucha, y aprende el camino. Seguidme, mientras a la luz del texto os señalo el camino. ¡Que el Señor nos guíe a través de su Espíritu Santo!

¿CÓMO SE OBTIENE EL PRIVILEGIO DE ESTA ORACIÓN PODEROSA?
La respuesta es esta: «Si permanecéis en mí, y mis palabras permanecen en vosotros». Aquí están los dos pies con los cuales escalamos al poder de Dios cuando oramos.

Amados, la primera línea nos dice que debemos morar en Cristo Jesús, nuestro Señor. Se da por sentado que ya estamos en Él. ¿Se puede dar por sentado en su caso, querido oyente? Si es así, usted debe permanecer donde está. Como creyentes debemos permanecer tenazmente aferrados a Jesús, unidos vivamente a Él. Debemos permanecer en el Señor, confiando siempre en Él, y sólo en Él, con la misma fe sencilla que nos unimos a Él al principio. Nunca debemos admitir ninguna otra cosa o persona como algo en qué confiar respecto a nuestra esperanza de salvación, sino descansar solo en Jesús, como lo recibimos al principio. Su Deidad, su naturaleza humana, su vida, su muerte, su resurrección, su gloria a la diestra del Padre; en una palabra, Él mismo debe ser la única confianza que exista en nuestro corazón. Esto es absolutamente esencial. Una fe temporal no puede salvar a nadie, por ello, se necesita una fe permanente.

Pero permanecer en el Señor Jesús no significa solamente confiar en Él; incluye entregarnos a Él para recibir su vida, y dejar que esa vida produzca sus resultados en nosotros. Vivimos en Él, por Él, y para Él cuando moramos en Él. Sentimos que ya no vivimos para satisfacer los deseos de la carne, pues hemos renunciado a nosotros mismos: «vosotros estáis muertos, y vuestra vida está escondida con Cristo en Dios» (Colosenses 3:3). No somos nada si nos alejamos de Jesús; pues si tal es el caso, seremos tan solo ramas marchitas, aptos solo para ser echados al fuego. No tenemos ninguna razón para existir sino la que encontramos en Cristo; ¡y qué razón tan maravillosa es esa! La vid necesita la rama tanto como la rama necesita de la vid. Ninguna vid dio jamás fruto excepto mediante sus ramas. A la verdad la vid produce los sarmientos, y luego los sarmientos dan el fruto; pero la vid no puede dar fruto sino por los sarmientos. Así, los creyentes que permanecen en Él son necesarios para que se cumpla la voluntad de su Señor. Es una cosa maravillosa poder decir: ¡Los santos son necesarios para su Salvador! La iglesia es su cuerpo; la plenitud de Aquél que todo lo llena en todo. Quiero que reconozcan esto a fin de que puedan visualizar su bendita responsabilidad, de que su obligación práctica es producir fruto para que el Señor Jesús pueda ser glorificado en ustedes. Permanece en Él. Nunca te apartes de tu consagración sino dale honor y gloria. Nunca sueñes con ser tu propio amo. No seáis siervos de los hombres, sino permaneced en Cristo. Que Él sea el objeto —así como la fuente—, de tu existencia. Oh, si llegas allí, y te detienes allí en comunión perpetua con tu Señor, pronto te darás cuenta del gozo, del deleite y del poder que hay en la oración, como nunca antes lo habías conocido. Hay momentos en que somos conscientes de que estamos en Cristo, y podemos reconocer nuestra comunión con Él; y ¡qué gozo y paz existe al beber esa copa! Permanezcamos allí. Permaneced en mí, dice Jesús. No debéis ir y venir, sino permanecer. Necesitas embeber tu vida totalmente en Jesús y someter todo tu poder a Él. Y esto, aunque parezca difícil no lo es, porque lo podemos lograr mediante la ayuda del Espíritu Santo.

AFÉRRATE A JESÚS CUANDO LLEGUE LA PODA

A fin de ayudarnos a entender esto, nuestro bondadoso Señor nos ha dado una maravillosa parábola. Imaginemos aquello que el Señor dijo de la vid y sus ramas. Jesús dice: «Todo aquel que lleva fruto, lo limpiará». Ten cuidado de permanecer en Cristo cuando seas podado. «Oh—decimos— «Pensé que eso no sucedía a los cristianos; pero, ¡ay! Tengo más problemas que nunca: los hombres me ridiculizan, el diablo me tienta, y me va mal en los negocios. Hermano, si realmente quieres tener poder cuando oras debes permanecer en Cristo, aun cuando el cuchillo afilado de la prueba está cortándolo todo. Soporta la prueba, y nunca se te ocurra renunciar a tu fe por causa de ella. Di: «Aunque me mate, confiaré en Él» (Job 13:15). Cuando recién llegaste a la vid, tu Señor te advirtió que tendrías que ser purificado y podado; y si ahora estás sintiendo el proceso de purificación, no debes pensar que algo extraño te ha sucedido. No os rebeléis por nada de aquello que tendréis que sufrir de la mano querida de vuestro Padre celestial, quien es el labrador de la viña. No, más bien, aferrarse a Jesús más que nunca, y di: «¡Corta, Señor! ¡Corta rápido, has lo que tú quieras! Pero yo me aferraré a ti. Pues, ¿a quién iré, Señor? Si solo Tú tienes palabras de vida eterna» (Juan 6:68).

Sí, aférrate a Jesús cuando el cuchillo de la poda está en su mano, y así «pediréis lo que queráis, y os será hecho».

Continúa permaneciendo en Cristo después de la poda

Notemos ahora lo que dice el versículo tres: «Ya vosotros estáis limpios por la palabra que os he hablado. Permaneced en mí, y yo en vosotros». Permanece *después* de la limpieza en donde estabas *antes* de la limpieza. Cuando seas santificado, permanece donde estabas cuando fuiste justificado. Cuando veas que la obra del Espíritu Santo crece en ti, no caigas en la tentación diabólica de jactarte creyendo que eres alguien, y de que ya no necesitas venir a Jesús como un pobre pecador sino tan solo descansa en la obra que Él hizo en ti para salvación mediante su sangre preciosa. En tal circunstancia, vence la tentación, y permanece en Jesús. Tal y como permaneciste en Él cuando el cuchillo te podó, quédate en Él ahora, cuando las uvas tiernas comienzan a formarse. No te digas a ti mismo: «¡Qué rama tan fructífera soy! ¡Cuán útil soy a la vid! ¡Ahora estoy lleno de vigor! No, mi amigo, no eres nada ni nadie. Solo permanece en Cristo, pues tú eres tan solo un poco mejor que la leña desechada que se quema en el fuego. ¿Progresamos? Sí, claro que sí, crecemos siempre y cuando permanecemos en Él: nunca avanzaremos, ni un centímetro, sin permanecer en Él; y si esto no es así, seremos echados fuera, y nos marchitamos. Toda nuestra esperanza está en Jesús, tanto en nuestros mejores momentos, como en los peores. Jesús dice: «Ya vosotros estáis limpios por la palabra que os he hablado. Permaneced en mí, y yo en vosotros».

Permaneced en Él cuando seas más fructífero. «Como el pámpano no puede llevar fruto por sí mismo, si no permanece en la vid, así tampoco vosotros, si no permanecéis en mí» (v.4). «¿Tengo aquí algo que hacer? —pregunta el pámpano—. ¡Claro que sí!, pero siempre y cuando continúes en la vid. El pámpano tiene que dar fruto; pero si este se imagina que producirá un solo racimo, o incluso una sola uva, por sí mismo, está totalmente equivocado. El fruto del pámpano debe salir del tallo primero, por tanto, tu trabajo para Cristo debe ser el trabajo de Cristo en ti, o de lo contrario no podrá ser para nada bueno. Te lo ruego, ocúpate de eso. Tu enseñanza en la escuela dominical, tu predicación, o lo que sea que tú hagas, debe ser hecho en Cristo Jesús. No podrás ganar almas con tu talento natural, ni con los planes que salgan de tu propia imaginación. Cuidado con los esquemas caseros. Haz por Jesús lo que Jesús te pide que hagas. Recordad que nuestra obra para Cristo —como la llamamos—, debe ser la obra de Cristo primero; por tanto, cerciórate que está aceptada por Él antes de siquiera empezar.

Permanece en Él a lo largo de tu vida. No digas: «Esto lo he hecho ya por veinte o treinta años, ahora puedo hacerlo sin depender continuamente de Cristo». Te lo diré de una vez: no podrías prescindir de Cristo aun siendo tan viejo como Matusalén. Tu propio ser como cristiano depende de que permanezcas aferrado al Señor, de que permanezcas confiando y dependiendo de Él; y esto es así, porque todo viene de Cristo, y sólo de Él. Para resumir lo que he venido diciendo diré: A fin de obtener ese espléndido poder en la oración, tú debes permanecer en una unión amorosa, viva, duradera, consciente, y práctica con el Señor Jesucristo; y si tú logras llegar a eso por la gracia divina, entonces podrás pedir lo que quieras, y se te hará.

Y SI MIS PALABRAS PERMANECEN EN VOSOTROS
Pero hay un segundo requisito mencionado en el texto, cosa que no debes olvidar: «Y mis palabras permanecen en vosotros». ¡Cuán importantes son las palabras de Cristo! Él dijo en el versículo cuatro, «Permaneced en mí, y yo en vosotros», y ahora, como en un paralelo a esto dice: «Si permanecéis en mí, y mis palabras permanecen en vosotros». ¿Qué, pues, diremos a esto? ¿Qué Cristo y sus palabras son lo mismo? Sí, prácticamente lo mismo. Algunos hablan de que Cristo es el Maestro; sin embargo, al mismo tiempo, no les importa lo que su Palabra declara.

Ellos piensan que mientras sus corazones sean leales a la persona de Cristo, son libres para pensar lo que ellos quieran. ¡Oh, pero esto es imposible, mi amigo! No podemos separar a Cristo de la Palabra; porque, en primer lugar, Él es la Palabra; y, en segundo, ¿cómo nos atrevemos a llamarlo Maestro y Señor sino hacemos las cosas que Él dice, y rechazamos la verdad que Él enseña? Debemos obedecer a sus preceptos o de otra manera, Él no nos aceptará como discípulos; mayormente tratándose del precepto del amor, lo cual es la esencia de todas sus palabras. Debemos amar a Dios y a nuestros hermanos; sí, debemos amar a todos los hombres, y buscar su bien. La ira y la malicia deben estar lejos de nosotros. Debemos caminar como Él caminó. Si las palabras de Cristo no permanecen en ti, tanto en tus creencias como en la práctica, eso significará que no estás en Cristo. Cristo y su evangelio, y sus mandamientos son una misma cosa. Si tú no quieres tener a Cristo y a sus palabras, tampoco a Él le importarán tus palabras: pedirás en vano, pronto dejarás de pedir, y finalmente te convertirás en una rama seca. Amados, aunque hablo así, estoy persuadido de cosas mejores de vosotros, y de cosas que pertenecen a la salvación (Heb. 6:9).

¡Oh, que gracia tan maravillosa se obtiene al pasar a través de estas dos puertas doradas! «Si permanecéis en mí, y mis palabras permanecen en vosotros». Empuja estas dos puertas y entrarás a un gran recinto: «Pedid todo lo que queréis, y os será hecho».

POR QUÉ ES SEGURO QUE RECIBIREMOS ESTE PRIVILEGIO

El poder de la oración es extraordinario; no obstante, cabe la pregunta: ¿por qué podemos estar seguros de que este poder será otorgado a todos los que permanecen en Cristo? ¡Ojalá que lo que diré en las próximas líneas os anime a hacer el glorioso intento de ganar esta perla de gran precio! ¿Por qué permaneciendo en Cristo, y teniendo sus palabras en nosotros es que llegamos a esta libertad y prominencia en la oración?

En primer lugar, cuando esto sucede, tú mismo te conviertes en la plenitud de Cristo. Podéis muy bien pedir lo que queráis cuando permanezcáis en Cristo porque todo lo que necesitéis ya está alojado en Él. El buen obispo Hall lo expresa de esta manera: «¿Deseas la gracia del Espíritu? ¡Acude a la unción del Señor! ¿Busca la santidad? Sigue su ejemplo. ¿Deseas el perdón de tus pecados? Mira su sangre. ¿Necesitas morir al pecado? Mira su crucifixión. ¿Necesitas ser enterrado al mundo? Ve a su tumba. ¿Quieres vivir la plenitud de una vida celestial? Contempla su resurrección. ¿Quieres estar por encima del mundo? Contempla su ascensión. ¿Quieres contemplar las cosas celestiales? Recuerda su sesión a la diestra de Dios, y recuerda que "juntamente con él nos resucitó, y asimismo nos hizo sentar en los lugares celestiales con Cristo Jesús" (Efesios 2:6)».

Veo claramente por qué el pámpano obtiene todo lo que quiere mientras permanece en el tallo: todo lo que quiere *ya está* en el tallo, así que, es colocada allí para su propio bien. ¿Qué cosa habría de querer el pámpano que el tallo no pueda darle? Si quisiera más, no podría conseguirlo; pues no tiene otro medio para vivir que obteniendo la vida que le da el tallo. Oh mi precioso Señor, si quiero algo que no está en ti, te ruego que siempre me sea negado. Deseo que se me niegue cualquier deseo que se encuentre fuera de ti, Señor. Pero si lo que deseo ya está en ti y ha sido reservado para mí, ¿para qué he de ir a otro lugar? Tú eres mi todo; ¿dónde más habría de buscar?

Ahora diré a ustedes, amados, «agradó al Padre que en él habitase toda plenitud» (Colosenses 1:19), y la buena voluntad del Padre es también nuestra buena voluntad: nos alegramos de recibir todo de Jesús. Estamos seguros de que podemos pedir lo que queramos y lo tendremos, ya que estas cosas están reservadas de antemano por Él para nosotros.

La siguiente razón para estar seguros de la verdad que hemos venido diciendo está en la riqueza de la Palabra de Dios. Atrapa este pensamiento: «Si permanecéis en mí, y mis palabras permanecen en vosotros, pedid todo lo que queréis, y os será hecho». El hombre que mejor ora es el que está más fielmente familiarizado con las promesas de Dios. Después de todo, la oración no es más que tomar las promesas de Dios a él, y decirle: «Haz como has dicho». La oración es la repetición del ser humano de las promesas de Dios. Una oración que no está basada en una promesa no tiene un fundamento verdadero. Si voy al banco sin un cheque no puedo esperar recibir dinero; por tanto, una promesa es una «orden de pago» que está en mi poder, valedera en el banco del cielo. Todo aquel que está lleno de las palabras de Cristo está equipado con aquello en lo que el Señor considera con atención. Si la Palabra de Dios mora en ti, entonces serás un hombre o una mujer que puede orar, porque serás capaz de hacer coincidir al gran Dios con sus propias palabras, y así es como se vence la omnipotencia con la omnipotencia. Esto consiste en poner tu dedo en las líneas escritas de la Biblia, y decir: «Haz lo que has dicho». Esta es la mejor oración del mundo. Oh amados, llenaos de la Palabra de Dios. Estudia lo que Jesús ha dicho, lo que el Espíritu Santo ha dejado registrado en el Libro de Dios; ya que, en la proporción en la que te alimentes de la Palabra, y estés lleno de ella, y la retengas actuando en su fe, y obedeciéndola, en esa proporción tú serás un maestro en el arte de la oración, y adquirirás habilidad para guerrear con el ángel del pacto. En esa proporción te convertirás así en un guerrero/a que suplica para que las promesas hechas por un Dios fiel sean cumplidas. Sé bien instruido en las doctrinas de la gracia, y deja que la palabra de Cristo habite abundantemente en ti, a fin de que sepas cómo prevalecer en el trono de la gracia. Permanecer en Cristo, y permanecer en sus palabras, son como la diestra y la siniestra de Moisés, las cuales fueron sostenidas en oración, de modo que Amalec fue herido, Israel fue liberado, y Dios fue glorificado.

Vamos un poco más lejos: todavía podrías estar diciendo que no ves por qué a un hombre o mujer que permanece en Cristo, y en quien las palabras de Cristo permanecen, se le debe permitir pedir lo que quiera, y que se le dará. Os respondo de nuevo: es así, porque en tal hombre hay un predominio de la gracia que le hace tener una voluntad renovada, que está de acuerdo con la voluntad de Dios. Supongamos que un hombre de Dios está orando, y piensa que tal o cual cosa es deseable, pero recuerda que no es más que un niño en la presencia de su Padre omnisapiente; por tanto, se inclina ante su voluntad, y suplica que Dios le enseñe lo que debe querer. Aunque Dios le concede que le pida lo que quiera, él se encoge y grita: «Mi Señor, aquí tengo peticiones que parecen ser buenas; sin embargo, lo que juzgo que es deseable podría ser lo contrario. Señor, no soy digno de juzgar por mí mismo; por tanto, te ruego que no me des como yo quiero, sino como tú». ¿Puedes notarlo? Cuando estamos en tal condición, nuestra voluntad se ha convertido en la voluntad de Dios. En el fondo de nuestros corazones solo queremos lo que el Señor mismo quiere; ¿y qué es esto sino el cumplimiento de esa palabra de que podemos pedir lo que queramos y nos será dado? Es seguro para Dios decir al alma santificada: «Pide lo que quieras, y te será hecho». Los instintos celestiales de una persona así la conducirán a la rectitud; la gracia que hay en su alma ahuyenta todas las concupiscencias codiciosas y malos deseos, y su voluntad es la sombra misma de la voluntad de Dios. La vida espiritual es quien dirige en él o ella, así que sus aspiraciones son santas, celestiales, semejantes a las de Dios. Él ha sido hecho partícipe de la naturaleza divina; y tal como un hijo se parece a su padre, así el deseo y la voluntad de tal persona se hace una con la de Dios. Como el eco responde a la voz, así el corazón renovado hace eco de la mente del Señor. Nuestros deseos son rayos que reflejan la voluntad divina: «pedid todo lo que queréis, y os será hecho».

Con esto podemos ver claramente que un Dios santo como el nuestro no puede tomar a un hombre común de la calle, y decirle: «Te daré lo que quieras». ¿Qué pediría? Pedía para gastar en bebida o en deseos lujuriosos. Sería muy inseguro confiar en la mayoría de los hombres con una garantía de tal naturaleza. Pero cuando el Señor ha tomado a un ser humano y lo ha hecho una nueva creatura, lo ha vivificado para que ande en novedad de vida, y lo ha formado a la imagen de su amado Hijo, entonces ¡Él puede confiar en él/ella! He aquí, el gran Padre nos trata —de acuerdo a nuestra capacidad— como trata a su Primogénito. Jesús podría decir: «Yo sé que siempre me oyes» (Juan 11:41-42); y el Señor nos está educando para que hablemos con la misma seguridad. Podemos decir como uno que habló en la antigüedad (Asaf) diciendo: «Mi Dios me escuchará» (Salmos 71:1). ¿Es tu máxima aspiración disfrutar diariamente de una oración que es escuchada? ¿Es el anhelo de tu corazón alcanzar este privilegio? Si es así, te diré cómo: Podrás llegar por el camino de la santidad y de la unión con Cristo; cuando habites permanentemente en Él, asiéndote obedientemente a su verdad. Este es el único camino seguro y verdadero.

El cristiano tendrá éxito en la oración en la medida que su fe sea fuerte; este es el caso de aquellos que permanecen en Jesús. Es la fe la que prevalece en la oración. La verdadera elocuencia de la oración es un deseo creyente, pues nuestro Señor Jesús ha dicho: «Todas las cosas son posibles para el que cree» (Marcos 9:23, LBLA). Un hombre o mujer que permanece en Cristo y con las palabras de Cristo morando en él/ella, es evidentemente un creyente, y un cristiano así será exitoso en la oración. Él tiene una fe fuerte porque su fe lo ha puesto en contacto vital con Cristo, y ese Cristo es la fuente de toda bendición. Entonces él/ella podrá beber a plenitud directamente del manantial.

Si permanecemos en Cristo, y sus palabras permanecen en nosotros, entonces el Espíritu Santo ha venido y ha hecho su morada en nosotros; ¿y qué mejor ayuda podemos tener al orar que la de Él? ¿No es maravilloso que el mismo Espíritu Santo interceda por los santos según la voluntad de Dios? Pues dice la Biblia: «el Espíritu mismo intercede por nosotros con gemidos indecibles» (Romanos 8:26). ¿Qué hombre conoce la mente del hombre sino el espíritu del hombre? (2 Corintios 2:11). El Espíritu de Dios conoce la mente de Dios, y obra en nosotros para que queramos lo que Dios quiere; de modo que la oración del creyente es el propósito de Dios que se refleja en su alma como en un espejo. Los decretos eternos de Dios se proyectan en forma de oración sobre los corazones de los hombres y mujeres piadosos. Aquello que Dios tiene intención de hacer lo dice a sus siervos, para que estos se inclinen a pedirle eso mismo, lo que Él ya está resuelto a hacer. Dios dice: «Voy a hacer esto y aquello», pero luego añade: «Aún permitiré a la casa de Israel que me pida hacer esto por ellos» (Ezequiel 36:37). " ¡Qué claro está que, si permanecemos en Cristo, y sus palabras permanecen en nosotros, podemos pedir lo que queramos! Ya que solo pediremos lo que el Espíritu de Dios nos impulse a pedir; y es imposible que Dios el Espíritu Santo y Dios el Padre estén en conflicto entre sí. Lo que uno nos impulsa a pedir, el otro ciertamente ha decidido ya otorgárnoslo.

Amados, ¿no sabéis que cuando permanecemos en Cristo, y sus palabras permanecen en nosotros, el Padre nos mira con la misma mirada con la que mira a su amado Hijo? Cristo es la vid, y la vid incluye a los pámpanos. Los pámpanos forman parte de la vid. Dios, por lo tanto, nos ve como parte de Cristo: «miembros de su cuerpo, de su carne, y de sus huesos» (Efesios 5:30). Tal es el amor del Padre hacia Jesús, que Él no le niega nada. Él fue obediente hasta la muerte, incluso tratándose de una muerte de cruz (Filipenses 2:8); por lo tanto, su Padre lo ama, y como el Mediador Dios-hombre, ´Él le concederá todas sus peticiones. Así es que, cuando tú y yo estamos en unión verdadera con Cristo, el Señor Dios nos mira de la misma manera que Él mira a Jesús, y nos dice: «No os negaré nada; pedid lo que quisiereis, y os será hecho».

Llama mi atención Juan 15:9, el cual dice: «Como el Padre me ha amado, así también yo os he amado». El mismo amor que Dios da a su Hijo, el Hijo nos lo da a nosotros; por eso habitamos en el amor del Padre y del Hijo. ¿Cómo podrían ser rechazadas nuestras oraciones? ¿No tendrá el Amor Infinito respeto a nuestras peticiones? Oh querido hermano en Cristo, si tus oraciones no llegan de inmediato al trono, puedes sospechar que hay algún pecado que las estorba: tu Padre amoroso ve la necesidad de castigarte de esta manera. Si tú no permaneces en Cristo, ¿cómo puedes esperar orar con éxito? Si tú escoges de entre sus palabras, y dudas de esto, y dudas de aquello, ¿cómo puedes esperar ser oído en el trono? Si desobedeces deliberadamente cualquiera de sus palabras, ¿no será esto una causa de fracaso en la oración? Pero permanece en Cristo, aférrate firmemente a sus palabras, y sé enteramente su discípulo, y entonces serás oído por él. Sentado a los pies de Jesús y escuchando sus palabras, puedes luego levantar tus ojos, mirar su rostro, y decir: «Señor mío, escúchame ahora»; y Él te responderá con gracia y te dirá: «En tiempo aceptable te he oído, Y en día de salvación te he socorrido (2 Corintios 6:2). Pide lo que quieras que yo te dé (1 Reyes 3:5)».

Amados amigos, por favor, no sea que después de leer este capítulo se vayan y lo olviden. ¡No! Trata de llegar a ese lugar de influencia ilimitada del que he estado hablando. ¡Qué Iglesia seríamos, si todos los que están leyendo ahora este libro fueran poderosos guerreros de oración! Queridos hijos de Dios, ¿queréis estar medio hambrientos? Hermanos amados, ¿queréis ser pobres, pequeños, insignificantes, niños que nunca se convertirán en hombres? Les ruego, aspiren a ser fuertes en el Señor, y a gozar de este privilegio sumamente elevado. ¡Qué ejército seríamos si todos tuviéramos este privilegio con Dios cuando oramos! ¡Está a vuestro alcance, hijos de Dios! Permaneced solamente en Cristo, y dejad que sus palabras permanezcan en vosotros, y entonces este privilegio especial será suyo. Los requisitos no son tareas molestas, sino son en sí mismas una alegría. Vayamos por esta promesa, persigámosla con todo el corazón, y entonces sucederá que todo lo que pidamos al Padre, nos será hecho.

Para todos aquellos que no están en Cristo, ni este capítulo ni este libro dicen nada en absoluto, y obviamente, tampoco pueden permanecer en Él. Amigo mío, ¿qué puedo decirte? Si ese es tu caso, te diré que ahora mismo estás dejando de disfrutar un gran cielo, aquí en la tierra. Si no hubiera infierno en el más allá, es bastante infernal no conocer a Cristo ahora: no saber lo que significa que te sean otorgadas tus peticiones de oración, ni conocer el privilegio escogido de habitar en Él, y que sus palabras habiten en ti. Por tanto, el primer asunto siempre será que una persona crea en Jesucristo para la salvación de su alma, entregando su ser entero al Señor para la purificación de su vida, para que Él gobierne. Dios el Padre ha querido que toda bendición sea otorgada por medio de su Hijo. Por tanto, recíbelo como tu Señor; entrégate a Él y deja que su Espíritu bondadoso venga y haga su obra en ti ahora; y entonces, después de esto, pero no antes, podrás aspirar al honor del que he hablado en este capítulo. En primer lugar, debéis **nacer de nuevo**; hasta entonces no puedo hablarte de «crecer». Si no naces de nuevo, tan solo «crecerás» para convertirte en un pecador más grande. Por mucho que te desarrolles, tu sólo desarrollarás lo que está en ti; es decir, el heredero de la ira se convertirá cada vez más en un hijo del mal. Tú debes ser hecho de nuevo en Cristo: debe haber un cambio total, una conversión de todas las partes de tu naturaleza, entonces serás una nueva criatura en Cristo Jesús y podrás aspirar a permanecer en Cristo y a dejar que sus palabras permanezcan en ti; será entonces que todo lo que pidas a Dios en oración, Él te lo dará: la promesa será tuya.

Dios misericordioso, ayúdanos ahora. A pobres criaturas como nosotros, nos conviene permanecer postradas a tus pies. ¡Ven tú mismo, y elévanos a ti, por amor de tu misericordia! Amén.

OTROS RECURSOS DE LA EDITORIAL PALABRA PURA
www.palabra-pura.com
https://autores.palabra-pura.com/

Autor: *The Aguillón Family Fondation*
Este comentario a los Romanos es fruto de dedicados escritores seleccionados de del mundo hispano de reconocida experiencia pastoral, erudición y capacidad literaria, los cuales han proporcionado un entendimiento muy poderoso de cada uno de los pasajes contenidos en este libro.

Autor: *Tomás de Kempis*
La versión aquí presentada de este libro cristiano clásico es el resultado de muchas horas de trabajo de traducción y edición del equipo de la Editorial Palabra Pura. Su labor tuvo como fin presentar al público un libro de máxima claridad, redactado en un español contemporáneo; una obra que fuese la edición más acorde con las exigencias lingüísticas españolas, y que a la vez, conservara toda su pureza de significado.

Autor: *Dietrich Bonhoeffer*
Este libro es considerado uno de los libros cristianos de más influencia en toda la historia. Su título en inglés, *The Cost of Discipleship* ha vendido cientos de miles de copias y ha sido uno de los libros más apreciados desde el siglo XX.
La versión aquí presentada es única, jamás antes publicada en español en su versión completa, los 32 capítulos). Tiene además notas explicativas e información que nos lleva a un mejor entendimiento de todo el libro.

OTROS RECURSOS DE LA EDITORIAL PALABRA PURA
www.palabra-pura.com
https://autores.palabra-pura.com/

Autor: *Samuel Guajardo*
Los buenos modales y las buenas costumbres del Cristiano habla del cuidado personal, del trato con el sexo opuesto, del respeto; de la etiqueta al tomar los alimentos, del vestir, del cuidado de los animales, de los roles en el matrimonio y en la familia, y en general, de la forma en que debemos comportarnos para tener relaciones humanas armoniosas.

Autor: *Eliud A. Montoya*
Las 16 doctrinas fundamentales explicadas es un libro práctico, resultado de muchos años de investigación bíblica y cotejo con innumerables escritos respecto a **la doctrina cristiana pentecostal trinitaria**. Por primera vez en idioma español existe un libro que contiene información precisa, ordenada, completa y escrita de manera tan magistral respecto a lo que creemos.

Autor: *Andrew Murray*
Este clásico de la literatura cristiana nos muestra con bastante claridad qué es la humildad, por qué es tan fundamental, cómo obtenerla y cómo perseverar en ella. Andrew Murray nos lleva por un recorrido bíblico —por la vida de Jesús y los escritos apostólicos— demostrándonos como el orgullo es la peor de las calamidades humanas, y la humildad, su gloria.

OTROS RECURSOS DE LA EDITORIAL PALABRA PURA

www.palabra-pura.com

https://autores.palabra-pura.com/

Autor: *Manuel Bello*
La resurrección de Jesús es uno de los libros contemporáneos más exhaustivos que se hayan escrito sobre el tema de la resurrección de Cristo. En este, Manuel Bello, Doctor en Medicina, utiliza sus conocimientos para explicarnos muchos puntos de vista que ninguno de nosotros había visto antes: que si de los actores en que está circunscrito el evento, que si de los ambientes y de los objetos; puntos de vistas físicos, psicológicos, y teológicos.

Autor: *Andrew Murray*
La sangre es el gran misterio del mundo; incluso es un gran misterio en la Biblia para muchos de nosotros. Sin embargo, algo es seguro: necesitamos el poder de la sangre de Jesús y el conocimiento que emana de las Sagradas Escrituras respecto a ella. En *El poder de la sangre de Jesús*, Andrew Murray descifra el significado de la sangre del Señor Jesucristo y su gran importancia en nuestras vidas.

Autor: *Andrew Murray*
En *La sanidad divina*, Murray contesta las preguntas: ¿Puede un cristiano ir con el médico o debe simplemente esperar a que se haga la voluntad de Dios? ¿Cómo debemos pedir a Dios por sanidad para ser escuchados y obtener la respuesta a nuestra oración? ¿Cuánto tiempo tardará Dios en responder? ¿Castiga Dios con enfermedad a los pecadores?, etc.

Otros recursos de la Editorial Palabra Pura
www.palabra-pura.com
https://autores.palabra-pura.com/

Autor: Arnoldo Granados
Liderazgo generacional es un libro de exploración bíblica, de descubrimiento y aprendizaje. Nos lleva por las cumbres y los valles del liderazgo bíblico: de aquellos personajes que fueron agentes de cambio con su liderazgo, y que dejaron un legado extraordinario para las generaciones subsecuentes. El libro contesta la pregunta: ¿qué es lo que el liderazgo generacional de los personajes bíblicos nos enseña cuando sus principios son aplicados al liderazgo de hoy?

Autor: Arnoldo Granados
En *La Iglesia local y su poder en la comunidad*, el Dr. Granados nos comparte sus conocimientos. Él es un experto en el tema. Obtuvo su doctorado en Fuller Theological Seminay (Pasadena, California), y ha aplicado con éxito todo aquello que nos comparte en su propia iglesia en Mission Viejo, California.

Autor: Eliud A. Montoya
En *Los cinco temas de la oración de Cristo* usted aprenderá qué es lo que el Señor Jesús está enseñando a sus discípulos respecto al tema de la oración cuando les dice: «Vosotros oraréis así...». El autor descubre cinco temas que son tratados por Cristo en la oración modelo, y ayuda a toda persona que desea hacer de su oración una oración eficaz.

PALABRA PURA
palabra-pura.com

La Editorial Palabra Pura está dedicada a crear materiales de educación cristiana para el estudio personal, la iglesia e institutos bíblicos. Usted puede consultar los recursos que ofrecemos en nuestra página web:

www.Palabra-Pura.com

Confiamos que la lectura de este libro haya sido de gran bendición para su vida. Mucho nos ayudará a seguir adelante si nos otorga tan solo un par de minutos para escribir un comentario positivo de este libro en la página de Amazon (no es necesario comprar un libro en Amazon para escribir su opinión o *review*).

Gracias por ser parte de nuestra comunidad de lectores y darnos el privilegio de servirle.
¡Dios le bendiga!

www.ingramcontent.com/pod-product-compliance
Lightning Source LLC
Chambersburg PA
CBHW070109080526
44586CB00013B/1239